Aman P. Schröter
Arjana C. Brunschwiler

WasserTanzen
Aquatische Körperarbeit

Aman P. Schröter
Arjana C. Brunschwiler

WasserTanzen

Aquatische Körperarbeit

Zu Papier gebracht
mit Martin Frischknecht

AURUM VERLAG

Umschlaggestaltung: Thomas Schröder
Fotos: Heinz Gasser und Kurt Amsler

Die Deutsche Bibliothek – CIP-Einheitsaufnahme

Schröter, Aman P.:
WasserTanzen: Aquatische Körperarbeit / Aman P. Schröter; Arjana C. Brunschwiler.
Zu Papier gebracht mit Martin Frischknecht. – Braunschweig: Aurum-Verl., 1996
ISBN 3-591-08404-2
NE: Brunschwiler, Arjana C.; Frischknecht, Martin [Bearb.]

1996
ISBN 3-591-08404-2

Gesamtherstellung: Westermann Druck Zwickau GmbH

Inhalt

Danksagung

Ein herzliches Dankeschön geht an all unsere Klientinnen und Klienten, Kursteilnehmerinnen und Kursteilnehmer! Sie haben uns geholfen, WasserTanzen weiterzuentwickeln und immer wieder mit Bewußtsein zu durchdringen.

Wir danken:

Harold Dull, der uns die zweite Hälfte des Himmels in Form von WATSU nahebrachte.

Martin Frischknecht, dem Herausgeber von SPUREN und guten Freund, hier als Begleiter in das Reich der Worte und Formulierungskünste, der maßgeblich und unermüdlich an der Entstehung dieses Buches beteiligt war.

Heinz Gasser, der sich als Pionier des IAKA CH hervortat und uns großzügig die meisten Fotos für dieses Buch zur Verfügung stellte.

Maja Karrer danken wir für ihre stets emsige Arbeit im Büro des Schweizer Institutes, für ihre positive, herzliche Art und ihren starken Glauben an die Aquatische Körperarbeit.

Helen Schulz und Shanti Mook Petschel für die fruchtbaren, kreativen und arbeitsintensiven Begegnungen, aus welchen die Institute für Aquatische Körperarbeit in der Schweiz und in Deutschland geboren wurden. Wir danken ihnen auch für die gemeinsame Vision und die Freundschaft.

Margo Anand, die uns beiden tantrische Räume öffnete, die wir schließlich im WasserTanzen wiedergefunden haben.

Jack Painter, der uns zeigte, daß der Mensch ein ganzheitliches Körper-Geist-Seele-Wesen ist und auch nur als solches ganzheitlich veränderbar.

Kiroku Fukome, der Aikido- und Karatelehrer, der uns zeigte, daß Körper auch in Bewegung zentriert bleiben können, wenn sie mit Bewußtheit geführt werden.

Alexander Georgeakopoulos und Minakshi danken wir für ihre Unterstützung bei der genauen Beschreibung der Formen von WasserTanzen und ganz besonders für die Weiterentwicklung von

WasserTanzen zu Waterdance, was Choreographie, Tanz und die Integration von WATSU und WATA betrifft.

Cathy Frischknecht, unserer Delphinschwester und ersten diplomierten Aquatic Bodyworker, die die Aquatische Körperarbeit mit viel Enthusiasmus vorantreibt.

Teresa Zanoni, die als erste an die Synthese von WATSU und WATA glaubte und mit uns den langen Weg bis heute zurückgelegt hat.

Katharina Schadel für das Schema über das Phänomen der Hyperventilation und für ihre Unterstützung im sportlichen Bereich.

Zeenat Brüsch, die im Verenabad von Baden bei Zürich als erste Aquatische Körperarbeit praktizierte und diese mit viel Elan öffentlich bekannt machte.

Kurt Eicher, dem Vater des Badener Wassertempels.

Wir danken auch all den Orten, wo wir WasserTanzen entwickeln und unterrichten durften: Goldiwil bei Thun, Kaubad im Appenzell, San Feliu in Spanien, Montegrotto in Italien, Kissleg im Allgäu, Harbin Hot Springs in Kalifornien. Wir danken den Betreibern dieser Bäder für ihre Offenheit und ihren Pioniergeist, ihre Anpassungsfähigkeit an neue Erfordernisse. Möge ihr Beispiel Schule machen und der Funke überspringen!

Wir danken den Delphinen, denen wir sowohl in Gefangenschaft als auch in Freiheit begegneten, für ihre Botschaften, ganz besonders Jojo von Turks auf Caicos Island.

Und vielen Dank an die erste rosarote Nasenklemme, die an uns vorbeischwamm und damit die aquatische Welle ins Rollen brachte.

WasserTanzen!

Seit sich der Kunsttanz aus der Fülle kindlich lustvoller oder bedeutungsgeladen sinnvoller Bewegungen entwickelt hat, gilt das Streben des Tänzers der Überwindung von Schwerkraft. Für eine kurze Zeit soll der Schwere des Daseins entkommen werden, denn jene erdverbundene Bodenständigkeit, die eine sonst so wichtige Tugend im Arbeitsleben darstellt , erinnert allzu sehr an die Gewöhnlichkeit des Alltags. Die Sehnsucht danach, es leicht zu nehmen, hat sich angesichts des allumfassenden Ernstes der Erwachsenen ausgebildet. Die spielerische Leichtigkeit des Tänzers, mit der er in der Luft herumwirbelt und mit ihr im Sprung zu verschmelzen scheint, ist selbst das Ergebnis harter Muskelarbeit. Ein Ernst steht dahinter, der wenig Spiel und Freiraum zuläßt, geschweige denn die Schwerkraft und die Zugkraft des Alterns besiegt. Die Überwindung ist immer nur vorläufig und endet schließlich mit Niederlage.

Das WasserTanzen bringt nun neuen Aufschwung in die lange Geschichte des Tanzes. Sicher geht es hier nicht vorrangig um Kunst, sondern um das Wohlfühlen in der eigenen Haut. Daß dies aber auch eine Kunst sein kann, wissen viele aus eigener Erfahrung.

Zunächst wird das Medium gewechselt, das Festland verlassen, die Zeiger der Zeit um etliches zurückgedreht, der Ursprung des Lebens im Wasser aufgesucht, und damit die Gesetze des Ernstes außer Kraft gesetzt, denn im Wasser ist alles anders, vor allem das eigene Gewicht. Damit wird dem Menschen sein uralter Traum nach Schwerelosigkeit erfüllt, ohne daß er sich die Rückkehr ins Paradies hart verdienen muß. Die Erinnerung an das Wasser der Meere und das Fruchtwasser im Bauch der Mutter, das den Fötus umgibt, ist nur allzu lebendig, sobald sich die Gelegenheit ergibt, wieder in jene Zustände des Daseins noch vor aller Bewußtwerdung eintreten zu dürfen. Manche Probleme, die unter dem Eindruck der lastenden Erdenschwere unlösbar schienen, erweisen sich hier, unter Wasser, im Wasser, der Lösung näher denn je. Das Tanzen im Wasser, in Begleitung eines kundigen Eintänzers schafft die Möglichkeit, die heilenden Prozesse einer Therapie auf einer radikal anderen Ebene als der des Alltags geschehen zu lassen. Damit wird der Einsicht, daß ein Problem nie auf der Ebene, auf der es entstanden ist, gelöst werden kann, Rechnung getragen. Eine neue Entwicklung im Selbstverständnis der Therapie, vor allem der Psychotherapie, könnte ausgelöst werden, denn der Therapeut in der Badehose durchbricht das Tabu der Berührung. Statt hinter der Analytikercouch sitzend, den Bleistift gezückt, den Block in der Hand, wird sich nun die Gestalt des Therapeuten in ihrer Idealform verändern. In enger Umarmung mit dem Patienten erscheint die tabuisierte Nähe selbst als das Mittel, das heilt. Da die Nähe bereits eine Voraussetzung für die Behandlung ist, können eigentlich keine Mißverständnisse mehr entstehen, außer dem einen natürlich, das Therapie mit dem Leben verwechselt. Da wir es aber mit einem therapeutischen Als-Ob zu tun haben, können wir getrost Erfahrungen im Grenzbereich des Tabu machen, und die erste, ursprünglichste Art des Verbundenseins mit der Mutter noch vor der Geburt wiedererleben. Die Wurzel aller Süchte, die Sehnsucht heimzukehren, eins zu werden mit der Umgebung, sich aufzulösen in allem, was da ist, weit über alle vorläufigen Formen der Symbiose hinaus, kann nun im Spielraum des Als-Ob durchgespielt werden. Wer weiß, ob dies nicht eine späte Antwort auf die Sexuelle Revolution darstellt, insofern als der Sex der Erwachsenen sich als völlig überbewertet in seiner Bedeutung für das Wohlgefühl in der eigenen Haut herausstellt. Durch diese notwendige Relativierung könnte sich auch, endlich, ein entspannteres Verhältnis zur eigenen Sexualität, wie auch immer sie gelebt wird, einstellen. Ich kann mir schon jetzt vorstellen, wie gut sich eine solche Zeit anfühlen würde. Nicht zu unterschätzen ist die Erfahrung im Wasser auch für ein neues Weltgefühl, das die Welt nicht als Idee abstrahiert, sondern als konkrete Erfahrung der Umwelt miteinschließt. So sehr wir uns auch in uns selbst zurückziehen mögen, so sehr wir auch ganz auf den anderen Menschen, auf die Gruppe, die Gesellschaft bezogen sein mögen, sind und bleiben wir doch immer in der Welt, die alles darstellt, was uns umgibt. Wir sind angewiesen darauf, die Symbiose neu zu erlernen, statt sie zu verachten.

Da können es sich nun auch die ernsthaftesten Kritiker, die größten Asketen, die sparsamsten Wirtschafter erlauben, sich einer Lust hinzugeben, die Ernst macht mit dem, was wirklich zählt.

Kaye Hoffmann

Liebe Leserinnen und Leser

Wir bitten um Verständnis dafür, daß aus Gründen der besseren Lesbarkeit stets nur die männliche Form von z.B. „der Klient" gewählt wurde. Natürlich sind immer Klienten und Klientinnen, Wassertänzer und Wassertänzerinnen, Männer und Frauen gemeint.

Wie alles begann

Wasser wurde nicht erdacht, geformt oder erfunden, es war immer schon da. Die Bibel berichtet in ihrem ältesten Teil vom ersten Schöpfungsakt, der Trennung von Tag und Nacht und bringt daraufhin bereits mit dem zweiten Schöpfungsakt das Wasser ins Spiel: „Ein Gewölbe entstehe mitten im Wasser und scheide Wasser von Wasser." Dadurch scheiden sich ober- und unterhalb des Gewölbes die Wasser in Meer und Urflut, verstanden als Polarität von Gut und Böse. Und vom fünften Schöpfungstag berichtet die Genesis vieldeutig: „Seid fruchtbar und mehret euch, und erfüllet das Wasser!" Dazu orakelte Agrippa von Nettesheim: „Im Wasser liegt die Samenkraft aller Dinge."

Wo sich die Wasser, aufgerührt von Wind und Feuer aus dem Erdinnern bewegten, bildeten sich Wellen und Strudel, kräftig am Anfang, stetig verflachend bis zum Hauch einer Strömung gegen die Ränder hin. Angetrieben von der Erdumdrehung und den

Kräften von Sonne und Mond, bilden sich im Wasser und in der darüberliegenden Atmosphäre zwei grundlegende Bewegungsmuster heraus: Welle und Spirale.

Wo zwei entgegengesetzte Kräfte, wie zum Beispiel die Schwerkraft des Wassers und der Zug des Windes aufeinander einwirken, entstehen Wellen. Sie sind ein rhythmisches Phänomen, das heißt, sie folgen einander in einer bestimmten zeitlichen Abfolge. Die Grenzfläche zwischen zwei Strömungen rollt sich spiralförmig ein.

Stellen wir uns an einem Badestrand in die Brandung, so werden wir in rhythmischer Folge von den heranrollenden Wellen benetzt. Trauen wir uns ein wenig tiefer hinein, stellen uns quer zu den Wellen und richten das Augenmerk auf den Wellenkamm, so läßt sich unschwer eine Spirale erkennen. Indem die Welle bricht, dreht sie sich zu einer Spirale ein.

Die Spirale ist ein räumliches Phänomen, sie dreht nach links oder rechts und gleichzeitig nach oben oder unten. Der Wasserstrudel entwickelt eine Sogwirkung nach unten, der Wirbelsturm einen Sog nach oben.

Materie und Energie organisieren sich im gesamten Universum nach den Gesetzmäßigkeiten von Welle und Spirale. Wir finden Wellen vom Urknall bis zu den Lichtwellen, sie wirken in der Akustik, im Magnetismus, der Elektrizität und in der Meteorologie. Wir erkennen sie im Spiralnebel genauso wie in der Doppelhelix des genetischen Code.

Novalis, der Dichter und Philosoph der deutschen Romantik, sprach vom Wasser als dem „sensiblen Chaos". Weiter beschäftigte sich in unserem Jahrhundert Theodor Schwenk mit dieser Konzeption. Ihm zufolge zeigen die Wesenseigenschaften dieses „sensiblen Chaos" nahe Verwandtschaft zum lebenden Organismus. So sei Wasser an allen Stoffwechselvorgängen im großen Erdorganismus vom Regen bis zum Meer wie auch in jedem Lebewesen von der Zellflüssigkeit bis zum Blut beteiligt. Es habe eine enge Beziehung zu allem rhythmischen Geschehen in Zeit und Raum, zum Beispiel Ebbe und Flut beziehungsweise Pulsschlag und Blutdruck. Außerdem zeige es an den Grenzflächen, zum Beispiel zur Luft hin Sensibilität. Es scheint also, als sei das Wasser selbst ein lebender Organismus.

Der Begriff Seele leitet sich vom indoeuropäischen *Saiwala* (Seele) ab und weist eine bedeutsame Nähe zu *Saiwa* (See) auf.

Der lebendige Wesenskern des Menschen wird demnach in unmittelbarer Verbundenheit mit Wasser gesehen. Nicht von ungefähr dichtete Johann Wolfgang von Goethe: „Seele des Menschen, wie gleichst du dem Wasser! Schicksal des Menschen, wie gleichst du dem Wind!"

Die Entwicklungsgeschichte des Lebens und die Wasserhypothese

Der Ursprung allen Lebens auf unserem Planeten liegt im Wasser. Die einfachsten Organismen bestehen aus einer Zelle mit Zellwand, die das Protoplasma einschließt, eine Flüssigkeit, deren Dynamik die Grundlage allen organisierten Lebens ist. Das Protoplasma fließt, pulsiert und kann seine Bewegungsrichtung ändern. Durch seine Viskosität bildet es Membrane und Kanäle, in die es fließen kann, und es ist fähig, aus diesen Membranen Zellen zu bilden.

Der erwachsene Mensch besteht zu siebzig Prozent aus Wasser, und es lassen sich auch in ihm „zwei Meere" (Jacques Mayol) unterscheiden: Das intrazelluläre Meer besteht aus dem Protoplasma der Zellen und macht etwa zwei Drittel des Wassers im Körper aus. Das extrazelluläre Meer besteht hauptsächlich aus Blutplasma, Urin und Lymphen und macht das übrige Drittel aus. Genau wie das Meer außerhalb von ihm sind auch diese Meere im Menschen von salziger Konsistenz.

Selbst die einfachsten Lebewesen zeigen sich in ihrer Organisation und Form bestimmt von Welle, Spirale und Bipolarität. Die Entwicklung des Lebens führt aus dem Wasser ans Land, vom Einzeller über die Fische und Reptilien bis hin zu den Säugetieren und Primaten. Jeder Mensch legt in seiner eigenen Entwicklung vom Fötus zum erwachsenen Menschen diesen Weg nochmals zurück. Dabei durchläuft er einen Prozeß der zunehmenden Verfestigung, wobei die Regel gilt: je flüssiger, desto lebendiger. Der Embryo ist seinem Wesen nach wie Flüssigkeit: zart und flexibel. Wachstum verdichtet den Körper, läßt ihn sehnig und fest werden und im Alter unbeweglich und verkalkt. Gleichsam als Pointe führt der Tod dann durch die Zersetzung zur Verflüssigung zurück.

Die individuelle Entwicklung ist eine Wiederholung der Entwicklung allen Lebens. Wie alle anderen Säugetiere entwickelt sich auch der Mensch in seinen ersten Lebensmonaten in salzhaltigem Fruchtwasser. Der Fötus, der selbst noch zu 97 Prozent aus Wasser besteht, hat zunächst Kiemen wie ein Fisch, später Schwimmhäute wie ein Reptil und daraufhin die Lanugo, eine Behaarung wie ein Affe. Mißbildungen, die entstehen, wenn ein Fötus auf einer dieser Stufen stehenbleibt, belegen diese Entwicklung. Die enge Verbindung des Menschen mit dem Wasser wird offensichtlich in der heute immer populärer werdenden Praxis der Geburt im Wasser. Säuglinge, die im Wasser statt auf dem Trockenen zur Welt kommen, erfahren das Trauma der Geburt sukzessive und auf sanftere Weise.

Neuere Forschungen und Hypothesen weisen darauf hin, daß dem Element Wasser in der Entwicklungsgeschichte unserer Spezies eine wesentlich wichtigere Rolle zukommt als bisher angenommen. Wie Charles Darwin belegte, haben Mensch und Primat gemeinsame Vorfahren. Dennoch sind die Unterschiede zwischen diesen beiden Spezies größer als die Gemeinsamkeiten. Warum haben wir Menschen kein Fell? Warum bevorzugen wir beim Sex die Missionarsstellung, während sich alle anderen Säugetiere in der Hundeposition fortpflanzen? Und warum vergießen wir salzhaltige Tränen?

Sir Alistair Hardy hat mit seiner *Wasserhypothese* diese Fragen auf so verblüffende wie einnehmende Weise beantwortet. Der Mensch, so Hardy, stamme eben nicht vom Affen ab, sondern habe mit diesem lediglich einen Vorfahren gemeinsam. Im Unterschied zum Menschenaffen sei der Mensch ins Wasser, dem Element allen Lebens, zurückgekehrt. Auch andere Landtiere kehrten ins Wasser zurück: Vor 70 Millionen Jahren waren es bestimmte Säugetiere, aus denen die Familie der Cetaceen (Wal, Delphin und Tümmler) entstand. Vor 50 Millionen Jahren waren es bestimmte Huftiere, aus denen die Seekühe wurden, und vor 25 Millionen Jahren bärenähnliche Tiere, aus denen sich Seebär, Seehund und Walroß entwickelten. Die Bewegung zurück ins Meer entstand, weil der Lebensraum und die Nahrung an Land knapp wurden. Gewisse Amphibien, Reptilien, Säuger und Gruppen von Vögeln kehrten ebenso ins Wasser zurück wie ein Teil der Primaten.

Einige der Merkmale, die als typisch menschlich gelten, sind gar nicht so einzigartig; unter Landtieren sind sie speziell, unter Wassersäugern jedoch Allgemeingut. Die Behaarung ging auf dem Evolutionsweg durchs Wasser verloren. Je länger Tiere im Wasser gewesen sind, desto größer ist ihr Haarverlust. Delphine weisen keinerlei Behaarung auf; die evolutionsgeschichtlich weniger lange im Wasser lebenden Seehunde haben noch ein Fell. Die meisten Säuger des Meeres begatten sich einander zugekehrt, denn die Weibchen haben eine bauchseitige Vagina. Der Mensch ist der einzige weinende Primat und Landsäuger. Die sprichwörtlichen Krokodilstränen sind zwar keine Erfindung von Märchenerzählern, doch im Unterschied zum Menschen vergießen Süßwasserkrokodile keine salzhaltigen Tränen. Meerestiere hingegen weinen salzhaltig, um Salz aus ihrem Körper abzubauen. Die salzigen Tränen des Menschen interpretiert Hardy als Reminiszenz an unsere Vergangenheit im Meer.

Im Unterschied zu den Landsäugern verfügen sowohl der Mensch als auch die Wassertiere über eine Fettschicht um den ganzen Körper. Die Fettschicht dient dem Wärmeschutz, dem Auftrieb im Wasser, der Energiespeicherung und der Stromlinienform. Die aufrechte Haltung, auf die wir Menschen uns so viel einbilden, erklärt Hardy damit, daß unsere Vorvorfahren zwar vierbeinig ans Wasser gelangten, ins Wasser hinein aber zweifüßig wateten, wie das beispielsweise Biber tun. Die vertikale Stellung im Wasser kann auch bei Seeottern, Seehunden und Delphinen beobachtet werden. Wenn wir Menschen schwimmen, gleichen wir in der Bewegung mehr den Meeressäugern und deren Bewegungsrichtung zwischen Bauch und Rücken (ventral und dorsal) als den Fischen, die sich mit seitlichen rechts-links Schwüngen fortbewegen. Das entspricht den unterschiedlichen Stellungen der Schwanzflossen bei Cetaceen (waagrecht) und Fischen (senkrecht).

Dr. Myrtle Mc Graw berichtete bereits 1939 im *Journal of Pediatrics* über das Schwimmverhalten von Säuglingen, daß im Wasser liegende Neugeborene bis zum Alter von vier Monaten rhythmische Schwimmbewegungen mit dem Gesicht nach unten ausführen. Später werden die Bewegungen im Wasser unkoordiniert, die Babys erstarren, oder es kommt zu Hektik, Panik, Wasserschlucken und Husten. Gegen Anfang des zweiten Lebensjahres erlangt ein Kind wieder die Fähigkeit, koordinierte

Schwimmbewegungen auszuführen, doch nun geschieht dies weit weniger automatisch als in den ersten Wochen. In all diesen drei Entwicklungsstadien ziehen Kinder instinktiv die Bauchlage im Wasser vor. Geraten sie in die Rückenlage, schlagen sie panisch um sich.

Anders als bei den Schimpansen, sitzt bei uns Menschen der Kehlkopf tief und erlaubt es, entweder durch die Nase oder durch den Mund zu atmen. Das uns Menschen eigene differenzierte Sprechen wird dadurch erst möglich, und der tiefe Kehlkopf hat den Vorteil, daß wir die Lungen blitzschnell füllen können. Diese Eigenschaft, die Marineadaption, teilen wir mit Seelöwen und Dugongs. Neugeborene sind reine Nasenatmer, die gleichzeitig saugen und atmen können. Erst im Alter von vier Monaten löst sich der Kehlkopf vom Gaumen und wandert tiefer, so daß Saugen und Atmen zu zwei sich ausschließenden Funktionen werden. In diesem Alter löst das Großhirn die primitiven Reflexe ab, und danach hat der Mensch die Fähigkeit, eine bewußte Kontrolle über seine Atmung auszuüben.

Alle Affenarten schwimmen instinktiv und halten sich mühelos über Wasser. Die Menschenaffen jedoch haben auffälligerweise Angst vor dem Wasser. Wenn sie ins Wasser fallen, geraten sie entweder in Panik oder werden stocksteif und ertrinken. Damit gleichen sie uns Menschen in der kritischen Entwicklungsstufe zwischen vier Monaten und zwei Jahren.

Gewiß ist es heute an der Zeit, die Bedeutung des Wassers für unsere Entwicklung anzuerkennen. Die Schwerkraft sei die Erbsünde des Menschen, bemerkte einst der Meeresforscher Jacques Cousteau, und die Erlösung erlangten wir nur, wenn wir ins Wasser zurückkehrten, wie es die Meeressäuger in der Vergangenheit taten. Der Gang durchs Wasser war der entscheidende Evolutionsschritt vom Primaten zum Menschen. In unserer Zeit könnte Wasser die Wiege werden für eine Wiedergeburt des Menschen: Homo Aquaticus lautet das Stichwort für die Zukunft.

Die Geschichte des WasserTanzens

erzählt von Aman Schröter

Was habe ich nicht schon alles erlernt und betrieben: Schwimmen, zig verschiedene Massagen, Körperpsychotherapien, Contact Improvisation, Tantra, Atemtechniken. All das drehte und dreht sich um den Körper – ein Faszinosum, das mich ständig aufs neue in seinen Bann zieht, und daran am meisten diese wunderschön-verrückte Erfahrung einer Verschiebung von Raum und Zeit: unendliche Weite, Zeit- und Schwerelosigkeit, eine samtig wohlige Empfindung auf und unter der Haut und ein sagenhaftes Glücksgefühl.

Die Verbindung von Atem und Wasser erwies sich als Schlüssel zu einer anderen Welt. Besonders beim Spiel im Wasser, beim Flaschentauchen oder beim Schwimmen mit Delphinen ging diese Tür auf.

Während der Ausbildung in Gentle Dance 1980 bei John Graham gingen wir ins warme Wasser einer Terme und bewegten uns, einer aktiv, der andere passiv: sanftes Halten, Wiegen, am Kopf durch das Wasser ziehen. So wenig da getan wurde, so viel löste es aus. Einige mußten weinen, andere lachten, eine Frau krabbelte auf allen vieren – sie war zu einem Kleinkind regrediert.

Davon fasziniert, spielte und übte ich mit Freunden im Wasser, bis einer von ihnen einmal eine Nasenklemme mitbrachte, ein unscheinbares, U-förmiges Kunststoffding, welches das Eindringen von Wasser in die Nase wirkungsvoll verhindert. Bei mir klickte es. Jetzt war es möglich, den anderen unter Wasser zu bringen. Behutsam führte ich sein Gesicht unter Wasser und spielte mit allerlei Bewegungen. Je länger er unten war, desto entspannter wurde sein Gesicht. Ich spielte mit verschiedenen Rhythmen des Auf- und Untertauchens. Er war begeistert und berichtete von Licht- und Farberscheinungen. War er zunächst noch um den Atem besorgt, konnte er sich bald mehr und mehr dem Spiel hingeben und vergaß mit der Zeit das Atmen gänzlich – es passierte von alleine.

34 Grad warmes Wasser brachte eine willkommene Abkühlung, als ich im Sommer 1987 Arjana Brunschwiler begegnete. Wasser diente dazu, sich aufeinander einzuschwingen, miteinander warm zu werden, und es schuf eine Atmosphäre von Vertrauen und Hingabe. Im Liebesspiel zwischen Yin und Yang, Pas-

siv und Aktiv, erfanden wir neue Varianten von Halten und Bewegen. Wir experimentierten in öffentlichen Bädern, tanzten vor einem Publikum, dem solche Vorführungen sehr ungewöhnlich erscheinen mußten. Dennoch entstand durch dieses Spiel ein Raum um uns, den andere wahrnahmen und achteten.

Ich führte damals noch eine Praxis in körperorientierter Psychotherapie und begann, Einzelsitzungen mit Klienten ins Wasser zu verlegen. Hier entdeckte ich das Phänomen des Tauchreflexes, der durch das Benetzen des Gesichts mit Wasser ausgelöst wird. Sämtliche Stoffwechselprozesse werden verlangsamt, so daß man immer länger unter Wasser bleiben kann. Der Atem wird vergessen, und wenn das Gesicht auftaucht, kommt es durch den kühleren Luftkontakt zum reflektorischen Einatmen.

Fragen von Intimität und Nähe rücken im Wasser wie von selbst ins Blickfeld. Durch das Gehaltenwerden in einer vertrauensvollen Beziehung lösen sich Blockierungen, und der Klient kann sich bewußt mit einem Zustand verbinden, der ihm aus frühester Kindheit vertraut ist. Intimität, Liebe und Sex ist für viele Menschen eins. Im Wasser entsteht physische Nähe, doch diesmal wird sie nicht mit Sex verwechselt. Dies zuzulassen, ohne es auf die eine oder andere Weise ausagieren zu müssen, bedeutet oft bereits einen Schritt hin zur Heilung.

Von entscheidender Bedeutung erwies sich bald der Augenblick, in dem ein Klient unter Wasser gebracht wird. Bei Menschen, die damit unangenehme Erinnerungen verbinden, ist es nötig, wesentlich länger an der Wasseroberfläche zu arbeiten. In diesem Zusammenhang machten Arjana und ich Bekanntschaft mit WATSU (WaterShiatsu), einer von Harold Dull entwickelten Wasserarbeit mit einem Ablauf von Bewegungen an der Wasseroberfläche. Arjana ließ sich bald darauf von Harold Dull zur ersten Schweizer WATSU-Lehrerin ausbilden.

Bald unterrichteten wir erste Wasserratten in einem Verfahren, das wir als eine glückliche Verbindung von Ästhetik, Spiel und Therapie verstanden und WasserTanzen (WATA) nannten. „Der Tanz ist der älteste Ausdruck der Bewegung und des Bewegtwerdens, sei es als spirituelles Ritual, zwischenmenschliche Begegnung, erotische Kunst, moderne Therapie (Tanztherapie) oder aus Freude am Sein. Tanzen setzt Energie frei und befreit; es verbindet Körper, Gefühl und Geist zu einer Einheit", bemerkte Dr. Christian Larsen, der als einer der ersten mit WasserTanzen in

Berührung kam, und erklärte zum Namen der neuen Therapie: „WasserTanzen verbindet das Urelement Wasser mit Tanzbewegungen. Der therapeutische Zweck ergibt sich aus der existentiellen, entwicklungsgeschichtlichen Bedeutung, welche die Kombination von Wasser und Bewegung für das menschliche Leben hat."

Im Herbst 1993 gründeten wir zusammen mit Helen Schulz und Shanti Mook Petschel das Institut für Aquatische Körperarbeit (IAKA) in Stäfa/Schweiz und Freiburg/Deutschland. Das IAKA bietet ein ganzheitliches Ausbildungskonzept in Aquatischer Körperarbeit mit einem Abschlußdiplom an. Die Institute fördern und garantieren die Qualität der Aquatischen Körperarbeit, wodurch den Klienten und Trainingsteilnehmern Orientierungshilfe und Sicherheit geboten werden.

WATSU und WATA als körperpsychotherapeutische Methoden werden von gut ausgebildeten Wassertherapeuten (*Aquatic Bodyworker*) angewendet und weitergegeben. In diesem Sinne haben die Institute auch die Aufgabe, bestehende Ausbildungsrichtlinien zu überprüfen, weiterzuentwickeln und die *Aquatic Bodyworker* über Supervisions- und Weiterbildungsgruppen stets auf dem neuesten Stand zu halten. Die Institute erarbeiten und realisieren Konzepte zur interdisziplinären Zusammenarbeit und Kommunikation mit Medizinern, Psychiatern, Psychologen, Physiotherapeuten, Masseuren, Geburtshelfern u.a.

Seit September 1995 besteht das Netzwerk für Aquatische Körperarbeit e.V. in der Schweiz und in Deutschland. Es dient der Förderung der ganzheitlichen Körperarbeit im Wasser. Seine Mitglieder stehen auch mit der in Harbin Hot Springs/Kalifornien ansässigen *Worldwide Aquatic Bodywork Association in* Verbindung.

Die Geschichte des WasserTanzens

erzählt von Arjana Brunschwiler

Die Begegnung mit Aman Schröter im Sommer 1987 brachte eine große Wende in mein Leben. Ich war erst 26, und Aman führte mich mit der ihm eigenen behutsamen Art in die Kunst der tantrischen Liebe ein. Dabei entdeckte ich mein Frau-Sein, die Tiefe meiner Liebesfähigkeit, meine Sinnlichkeit und Sexualität. Unsere physischen Körper schienen wie füreinander geschaffen zu sein. Was für ein Genuß war es, wenn wir uns von Musik bewegen ließen, tanzend uns nah begegneten und vom Rhythmus getragen Schritte erfanden. Wir sind beide ausgeprägte Körpermenschen, fasziniert von unseren beweglichen Körpern und ihren zahlreichen Möglichkeiten.

Obwohl wir von Alter und Temperament her sehr verschieden sind, keimte zwischen uns eine Idee und wuchs in einer intensiven Mischung aus Liebe, Schmerz, Kampf und tiefster seelisch-emotionaler Verbundenheit zum gemeinsamen Kind WasserTanzen heran. Heute schauen wir als stolze Eltern zu, wie es größer und stärker wird und sich langsam selbständig und unabhängig von uns in der Welt weiterentwickelt.

Es war kein großer Schritt, unsere Freude an Bewegung und Tanz ins Wasser zu verlagern. In der Anfangszeit des WasserTanzens verbrachten wir fast jedes Wochenende in öffentlichen Thermalbädern, wo wir stundenlang miteinander tanzten und spielten. Ich war das ideale WasserTanzen-Modell, ließ mich mit Begeisterung und Leichtigkeit bewegen und scheute mich nie, mit dem Kopf unter Wasser zu gehen. Im Gegenteil: je länger, desto besser! Da ich beweglich bin, ließen sich spielend immer neue Formen und Figuren erfinden; oft ergaben sich Bewegungsabläufe wie von selbst.

Zu diesem Zeitpunkt hatte ich schon einige Erfahrungen mit Meditation gesammelt. Ich praktizierte täglich zweimal zwanzig Minuten Transzendentale Meditation (TM). Also war ich vertraut mit der regen Betriebsamkeit des menschlichen Geistes und wußte, wieviel Praxis es braucht, um in die eigene Stille und Mitte zu kommen. Mit großer Verwunderung stellte ich beim WasserTanzen bald fest, wie schnell und mühelos ich durch das harmonische Bewegtwerden unter Wasser in einen tiefen Zustand der stillen Meditation gelangte. Der Vorgang verlief immer ungefähr ähnlich: Zuerst nahm ich den besonderen Kontakt meiner Haut mit dem warmen Wasser wahr. Das Wasser streichelte mich, machte die Haut weich, geschmeidig, irgendwie „delphinisch" und sensitiv. Dann wurde durch die im Verlauf der Sitzung immer schneller werdenden Wasserströmungen mein Körper in Form und Gestalt wie neu gebildet. Gegen Ende der Sitzung, wenn die Bewegungsabläufe und Berührungen wieder langsamer, behutsamer und leichter wurden, ergab sich ein Gefühl der Erweiterung und Ausdehnung, und der Kontakt des Wassers mit meiner Haut war nicht mehr spürbar. Wasser und Körper schienen zu einer energetischen Einheit verschmolzen. Aus tiefen Meditationen kannte ich dieses spezifische Erleben bereits, daß ich mühelos aus der physischen in die energetische Wahrnehmungsebene wechseln konnte, in Bereiche, wo es plötzlich sehr still und friedlich wird. Der Unterschied beim WasserTanzen war für mich jedoch die Regelmäßigkeit, mit der ich dieses Phänomen erleben durfte.

Natürlich konnte ich anfangs von diesen Empfindungen nie genug bekommen und wollte immer wieder ins Wasser. Etwas später in unserer Erfahrungs- und Experimentierzeit mit WasserTanzen begegnete mir jedoch eine andere, neue Besonderheit, die mir zu Beginn nicht aufgefallen war. Als eine im Zeichen des Steinbocks Geborene bin ich mit einer Fähigkeit zu solider Erdung ausgestattet und verfüge über einen guten Realitätssinn. Abgehoben-Nebulöses fand ich zwar faszinierend, aber vereinbaren ließ sich das mit meiner ureigensten Natur nicht gerade gut. Und nun geschah es mir, daß ich nach sehr langen Aufenthalten im warmen Wasser begann, mich irgendwie aufzulösen. Mein Körper wurde immer weicher und biegsamer. Ebenso fühlten sich mein energetischer und emotionaler Körper anders an als üblich – weit und grenzenlos. Mein ganzes Wesen schien durchlässig zu werden. Danach war es unbeschreiblich schön, in körperlicher Liebe mit meinem Partner zu verschmelzen und mit ihm energetisch eins zu werden.

Ich genoß es sehr, in dieser besonderen Verfassung zu verweilen, zumindest solange ich mich in einem geschützten Rahmen aufhalten konnte. Das Erwachen aus diesem Zustand war jedoch jedesmal eine harte und schmerzhafte Angelegenheit. Ich bekam die beiden Seinsebenen nicht mehr zuammen! Auf der einen Seite begegnete mir das Leben mit seinen nüchternen Anforderungen, das Eigenständigkeit und Abgrenzungsfähigkeit von mir verlangte, auf der anderen Seite erfuhr ich mich als in meinem Körper nicht ganz zu Hause, offen, schutz- und grenzenlos. Es wollte mir auch nicht gelingen, mit Willenskraft von einem Zustand in den anderen zu wechseln. Diese Phasen der Auflösung, die ich zu jener Zeit immer wieder an mir selber erlebte, konnte ich später öfter auch bei Klientinnen und Kursteilnehmerinnen feststellen. Interessanterweise ist mir dieses Phänomen vor allem bei Frauen, eher selten aber bei Männern aufgefallen.

Durch genaues Hinschauen und Beobachten lernte ich mit der Zeit zwischen drei grundsätzlichen Seinszuständen zu unterscheiden: dem Festhalten, der Selbstaufgabe und der Hingabe. Stark steinbockbetont zu sein brachte nicht nur die angenehmen Eigenschaften von guter Erdung und gesundem Realitätssinn mit sich, sondern auch den weniger willkommenen Wesenszug des Festhaltens. Ich hatte bestimmte Vorstellungen und Wünsche, hielt an Menschen und Situationen fest, klammerte mich an die Vergangenheit genauso wie an die Zukunft und verstand es nicht, negative und positive Gefühle fließen zu lassen. Ich glaubte, alles mit meinem Willen und aus eigener Kraft bewerkstelligen zu müssen.

Aber dann wurde ich zur Wassertänzerin! In der ersten Experimentier- und Entwicklungsphase von WasserTanzen war ich ständig das Modell und Aman der Tänzer. Die Rollen einmal zu vertauschen und den aktiven Part zu übernehmen, wäre mir nicht in den Sinn gekommen. Ich ging so auf in der Rolle der Empfangenden, war so sehr damit beschäftigt, den Yin-Teil zu erforschen, daß das Ausüben der Bewegungsabläufe für mich zu Beginn nicht von Bedeutung war. Unter Wasser konnte ich den mir vertrauten Seinszustand des Festhaltens mühelos und vollständig in ein Loslassen umwandeln. Dieser neue Zustand berührte eine tief verborgene und verdrängte Sehnsucht in mir, die ich nicht zu benennen vermochte, die jetzt, einmal geschmeckt, in mir aufloderte und nach immer noch mehr verlangte. Es war, als ob ich von einem Extrem ins andere fallen würde. Anfangs meinte ich entdeckt zu haben, was Hingabe bedeutet. In Wirklichkeit aber assoziierte ich unbewußt die neu entdeckten Eindrücke mit der Person des Tänzers!

Ich gab mich dem Willen und den Impulsen eines anderen hin und verlor meine Mitte und meine Kraft. Kein Wunder also, daß ich plötzlich Schwierigkeiten hatte, das Alltagsleben allein zu meistern. Ich erfuhr, was Selbstaufgabe bedeutet: die Verantwortung für das eigene Leben abzugeben. „Tu es für mich", „nur mit dir kann ich ekstatisch sein", „ohne dich kann ich nicht leben" – solche und ähnliche Glaubenssätze versteckten sich hinter zunehmenden Schwächeanfällen. Wenn ich mit den archetypischen Bildern meiner inneren Frau (Yin-Teil) und meines inneren Mannes

(Yang-Teil) arbeitete oder über sie meditierte, sah ich die beiden Archetypen auf ihren jeweils eigenen Standpunkten stehend, mit einer riesigen Sehnsucht nacheinander, aber gleichzeitig unfähig, sich auch nur einen Schritt aufeinander zuzubewegen! Dieses schmerzliche Pendeln zwischen dem kontrollierenden Festhalten und der ungesunden Selbstaufgabe beschenkte mich schließlich mit einem neuen Lebensziel und einer neuen Aufgabe: Ich begann mit neu erwachendem Bewußtsein nach der Goldenen Mitte zwischen den Bedürfnissen meiner inneren Frau und denjenigen meines inneren Mannes zu suchen.

Seit der Geburt von WasserTanzen sind nun einige Jahre vergangen, und ich bin meiner inneren heiligen Hochzeit um einige Schritte nähergekommen. Eines habe ich inzwischen verstanden: Wahre Hingabe ist ein Akt der Demut mir selbst gegenüber, ein Hingeben an den göttlichen Funken in mir. Wenn ich heute beim WasserTanzen in diesen ekstatischen Raum trete, bleibe ich in meinem eigenen Inneren, und der Schlüssel zu dieser Welt liegt in meinem Herzen. Hingabe ist somit zu einem Akt bewußter Selbstverantwortung geworden. Gelingt es mir, Hingabe so zu leben, kehre ich gestärkt und frei in den Alltag zurück, wo ich Aufgaben mit Leichtigkeit und Freude angehen kann.

Parallel zu meiner persönlichen Entwicklung mit WasserTanzen, begannen Aman und ich, andere mit diesem neu gefundenen Therapieverfahren vertraut zu machen. Dabei zeigte es sich, daß die von mir erlebten Übertragungsphänomene und die Entgrenzung auch von anderen erfahren wurden. So konnten wir beobachten, daß yang-betonte Menschen, die ihr Leben gut im Griff haben, im Wasser erst einmal feststellen, daß es gar nicht so einfach ist, Arme, Beine, Kopf und die Atmung loszulassen. Nach dieser meist intensiv erlebten Erfahrung kommt der Wunsch nach Loslassen und Hingabe. Yin-betonte Menschen dagegen, die rezeptiv durch das Leben gehen, überspringen oft den Teil des Festhaltens und laufen eher Gefahr, sich in der Entgrenzung aufzugeben.

In einem jahrelangen Prozeß gelang es uns, unser Verfahren dahingehend zu verfeinern, daß Klienten und Trainingsteilnehmer heute mit Bewußtheit und Selbstverantwortlichkeit an diese Themen herantreten. So wie wir WasserTanzen heute weitergeben, lehrt es, Grenzen zu ziehen, diese zu respektieren, um sie schließlich gefahrlos erweitern zu können. Wenn dieser Unterschied einmal verstanden ist, können wir im Wasser entdecken, wie aus der Hingabe schließlich Freiheit entsteht.

Wassermeditation

Um diese geführte Meditation zum Element Wasser auszuführen, nimm dir eine halbe Stunde Zeit, setze dich aufrecht hin und laß dir diesen Text entweder vorlesen oder spiele eine von dir besprochene Tonbandkassette ab.

Du sitzt bequem und ruhig in aufrechter Haltung und beobachtest deinen Atem, wie er kühl deine Nasenmuschel umstreicht und sie beim Ausatmen warm wieder verläßt. Das Ein und Aus des Atems durchströmt dich wie eine Welle und versetzt vielleicht dein Becken in eine leise, nur für dich wahrnehmbare Bewegung. Das Becken rollt mit dem Einatmen leicht nach vorn, zieht deine Brust mit und danach deinen Kopf. Mit dem Ausatmen sinkt das Becken zurück und zieht Brust und Kopf wieder in die Ausgangsposition zurück. Ein und Aus, hin und her, kräftig und sanft zugleich, im ewigen Rhythmus der Gezeiten.

Zu den Bildern und Bewegungen kommt nun vielleicht noch ein Geräusch. Es entsteht mit dem Ausatmen und ist ein leichter Seufzer: „Ah“ – loslassen. Wenn Gedanken aufkommen, betrachte sie wie Wolken an einem blauen Himmel; laß sie ziehen und kehre zu deiner Atemwelle zurück.

Du sitzt am Meer und blickst hinaus in die unendliche Weite von Himmel und Wasser. Das Meer liegt ruhig da, und wenn du mit den Augen in die Weite schweifst, gelingt es dir kaum, da draußen eine Trennungslinie zwischen Wasser und Luft auszumachen, denn beide Elemente scheinen ineinander überzufließen.

Wind setzt ein und treibt die feuchte Meeresluft vor sich her.

Ein Wassertropfen entsteht. Rein wie ein Bergkristall leuchtet er in der Sonne, lebendig pulsierend trägt ihn der Wind durch die Lüfte. In diesem Tropfen ist bereits alles enthalten.

Stell dir vor, wie der Wassertropfen zu dir kommt und auf deine Stirn fällt. Du spürst das kleine Naß über deiner Nasenwurzel und öffnest dich für eine Verschmelzung mit dem Wassertropfen. Er wird zu dir, und du wirst zu ihm. Wie fühlst du dich an, Wassertropfen, so durchsichtig, rund, schlicht, pulsierend und dünnhäutig wie du bist? Von weit oben fällst du ins Unendliche, ein Spielball von Wind und Wetter.

Du fällst und fällst und wirst schließlich aufgenommen von der Erde. Sobald dich Mutter Erde empfängt, triffst du auf andere Wassertropfen, die wie du die weite Reise aus dem Himmel hinter sich haben. Ihr kommt zusammen und vereinigt euch. Mittels der Erdkraft dringst du durch Spalten und Rinnen der Erde und trittst verwandelt als Quelle ans Tageslicht. Kühl und rein und voller Lebensfreude sammelst du dich auf moosigem Grund. Ein Wanderer tritt heran und labt sich an deiner Frische. Wie fühlst du dich, so rein und unverdorben, umspielt von Nymphen, eine Erquickung für Körper und Geist?

Murmelnd und lustig glucksend schlängelst du dich nun durch Wälder und Auen. Die Sonne verwöhnt dich, was du berührst, bereichert dich: Du trägst den Duft der Bergblumen, die Wärme heißer Steine und die Eleganz der in dir spielenden Forellen. Von überallher strömen weitere Bächlein auf dich zu. Wer ist stärker, wer vermag den anderen in sich aufzunehmen?

Gemeinsam gewinnt ihr an Kraft und strömt voll überschäumender Lebensfreude an Felsen vorbei auf einen Abgrund zu.

Der Sturz in die Tiefe zerreißt dich in tausend Tropfen. Ein Sonnenstrahl, der dich im Fallen trifft, enthüllt deine farbige Schönheit, und aus der Begegnung von Licht und Gischt ersteht die Pracht eines Regenbogens. Erkennst du dich wieder in diesen strahlenden Farben, zeigen sie dir dein wahres Wesen, ein lichtdurchflutetes Sein voll der schillerndsten Möglichkeiten? Tief fällst du und tief tauchst du ein ins grünblaue Becken, in dem du dich sammelst zur weiteren Reise.

Stets hinab führt dein Weg, den du halb selbst wählst und halb zugewiesen bekommst. Nun wird dir bewußt, wie wenig du eigentlich selbst bestimmst und wie sehr dich die Gesetze des Lebens lenken. Was bleibt dir anderes übrig, als stets dem tiefsten Punkt zuzustreben? Demut und Hingabe helfen dir, deinen Lebenssinn zu finden und zu erfüllen. Du paßt dich an, dich findet man ganz unten, und doch beugt selbst ein König sein Haupt, um von dir zu trinken.

Nun bist du zum See geworden. Du ruhst in einer vorgegebenen Form, und du gründest tief. Wie empfänglich du bist! Sonne,

Mond und Wolken spiegeln sich in dir, gelegentlich auch das Gesicht eines Menschen, ohne daß dich die Wiedergabe dieser Bilder im geringsten beeindruckt.

Wenn es kälter wird, erstarrst du langsam zu Eis. Du wirst undurchdringlich, milchig weiß und dicht. Der Wind treibt Schneewehen über dich. Woran denkst du, wenn du dich dem Eis übergibst? Auf deiner spiegelglatten Oberfläche drehen Kinder auf Schlittschuhen ihre Kreise.

Mit dem Frühling wird die Kraft der Sonne wieder stärker. Das Eis schmilzt, und mit lautem Krachen reißt du auf. Teile von dir sind noch hart, andere geraten in Bewegung und ziehen als Fluß weiter. Dein Bett schaffst du dir zwischen Fels und Höhen, mit steter Kraft höhlst du den stärksten Stein. Du bildest Wirbel und Gegenströme; manchmal schwillst du an und trittst über die Ufer, manchmal trocknest du aus und wirst zu einem Rinnsal. Wo du fließt, lassen sich Menschen an deinen Ufern nieder und gründen Städte. Du bist ihr Lebensstrom, doch gleichzeitig leidest du unter dem Dreck, den man dir aufbürdet. Vieles trägst du mit dir, du wirst alt, grau und schwer. Groß ist dein Fassungsvermögen, reich deine Weisheit, die du mit denen teilst, die sich an deine Ufer setzen.

Auf dich wartet eine letzte Wandlung. Du kommst an, sagst noch einmal „Ja“ und wirst zum Meer. Du bist am Ziel, in der Heimat des Wassers. Dein Geschmack ist salzig, deine Ausdehnung in alle Richtungen unendlich. Alles Leben ist aus dir und kehrt immer wieder zu dir zurück, in deiner Tiefe birgst du die absolute Stille, deine Oberfläche wandelt sich ohne Unterlaß von ruhig über aufgewühlt zu gewaltig.

Alleinsseiend vollendet der Wassertropfen den Kreislauf im leuchtenden Meer.

Du siehst eine große Welle und spürst den Gleichklang mit der Welle deines Atems. Mit jedem Atemzug wirst du dir nun der Grenzen deines Körpers wieder bewußt. Du fühlst dich frisch, entspannt und präsent und kehrst hierher zurück.

(Idee von Bodhigyan Ziegler, *Vision der Freude*, 1994)

Atmung

Die Luft, die wir einatmen, besteht zu 78 Prozent aus Stickstoff (N_2), zu 21 Prozent aus Sauerstoff (O_2), zu 0,03 Prozent aus Kohlendioxyd (CO_2) und zu rund einem Prozent aus anderen Bestandteilen (Edelgase wie Argon und Kohlenstoff, Ruß und Staub und Spuren von Kohlenmonoxyd (CO). Über die Atemfunktion verbrennt jede lebende Zelle organische Substanzen und gewinnt dadurch Energie. Durch Nase oder Mund strömt die Atemluft über den Rachenraum, den Kehlkopf und die Bronchien bis in die Lungenbläschen, wo der Gasaustausch mit dem Blut erfolgt. Dabei wird vom Blut Sauerstoff aufgenommen und Kohlendioxyd ausgeschieden.

Die Ein- und Ausatmung geschieht durch Kontraktion des Zwerchfells unter Zuhilfenahme von Brust- und Bauchmuskulatur. Der Atemrhythmus wird durch das Atemzentrum in der Medulla oblongata gesteuert. Rezeptoren in den Arterien messen die

Kohlensäurespannung und die Ionenkonzentration im Blut und melden diese an das Atemzentrum. Der Normalwert des Säuregehalts liegt bei einem Blut-pH von 7,33. Die Kompensation der Säurespannung im Blut erfolgt reflektorisch durch die zentripetalen Nerven Vagus, Trigeminus und durch Hautnerven. Verschiebt sich die Kohlendioxyd-Spannung nun zur sauren Seite hin, verändert sich die Atmung: Sie wird tiefer, stärker oder schneller. Dies wiederum bewirkt im Blut einen Abbau der CO_2-Spannung.

Die Lunge ist nach der Haut, das größte Organ des Körpers. Die Gesamtoberfläche der 300 Millionen Lungenbläschen entspricht der Ausdehnung eines Tennisplatzes. Die innere Atmung findet in den Zellen statt, wohin der Sauerstoff durch das Blut transportiert wird. In einem verbrennungsähnlichen Vorgang sorgt der Sauerstoff auf der Ebene der Zellen dafür, daß die Energie der Nährstoffe für Muskel-, Nerven- und Organtätigkeit freigesetzt wird. Je wirksamer wir atmen, desto vollständiger ist die Verbrennung; bei guter Atmung fallen weniger Abfallstoffe an, und diese können leichter ausgeschieden werden. Nur drei Prozent der in unserem Körper anfallenden Abfallstoffe werden mit der Verdauung ausgeschieden, sieben Prozent mit dem Harn, 20 Prozent über die Haut. Die verbleibenden 70 Prozent der Schlackstoffe werden über die Atmung ausgeschieden.

Äußere Reize wie Kälte oder Wärme, körperliche Anstrengung oder Schmerzen, aber auch starke Gefühle können die Atmung hemmen oder anregen. Bei angenehmen Empfindungen verringert sich die Frequenz des Atems, während gleichzeitig seine Tiefe zunimmt. Entspannung und Gefühle von Liebe wirken beruhigend und senken die Atemfrequenz. Unwillkürlich atmen wir dabei tiefer in den Bauch hinein. Streß, Angst, Wut und andere unangenehme Empfindungen wirken umgekehrt. Wir verfallen dabei in eine schnelle und flache Brustatmung. Bemerkenswerterweise ist die Dauer des Einatmens bei Brust- wie Bauchatmung in etwa gleich, während sich in der Ausatemzeit große Schwankungen zeigen. Daraus können wir schließen, daß die Ausatmung in engerer Beziehung zu den Emotionen steht als die Einatmung.

Hyperventilation

In der Medizin hat die Hyperventilation keinen guten Ruf, und es gilt, ihr nach Möglichkeit aus dem Weg zu gehen. Wörtlich übersetzt bedeutet der Begriff Überatmung. Er wird für zwei verschiedene Phänomene verwendet: 1) aktives, bewußtes Überatmen. 2) unbewußtes Überatmen, verbunden mit Tetanie, Schwindel, Schmerzen, Angst und Panik.

Jacques Mayol zeigt in dem Film „The Big Blue" (Im Rausch der Tiefe), wie sich Freitaucher durch Hyperventilation auf lange Tauchgänge ohne Sauerstofflaschen vorbereiten. Mayol, ein erfahrener Praktiker des Pranayama Yoga, spricht vom Apnoe-Tauchen. Dabei überlisten die Freitaucher ihren Körper, indem sie heftig durch die Nase ein- und ausatmen, wobei sie den Akzent auf die Ausatmung legen, oder sie betonen bei langsamer, sanfter Atmung den Ausatem. Diese Technik dient nicht, wie vermeintlich oft angenommen, dazu, sich mit Sauerstoff aufzuladen. Dies ist gar nicht möglich, da die Sauerstoffsättigung des Blutes im Normalfall bereits bei 97 Prozent liegt. Die Hyperventilation bewirkt jedoch eine Senkung des Kohlendioxydgehaltes im Blut, so daß die CO_2-Rezeptoren im Atemzentrum der Medulla oblongata verzögert reagieren und der Reflex zum Einatmen später einsetzt.

Im folgenden Diagramm betrachten wir CO_2 und O_2 getrennt voneinander.
CO_2 von der normalen Atmung direkt zum Atemstop (I). Hier steigt der CO_2-Gehalt im Blut an, bis die CO_2-Rezeptoren im Atemzentrum den kritischen Wert wahrnehmen und signalisieren, daß die Atemnotzone erreicht ist. Der Reflex zum Einatmen wird ausgelöst.
CO_2 bei der Hyperventilation (II). Durch die Hyperventilation sinkt der CO_2-Gehalt im Blut ab, und es kommt zur Hypokapnie. Beim Atemstop ist also ein viel tieferer CO_2-Wert erreicht, und es dauert deshalb länger, bis die Atemnotzone wieder erreicht wird. Dadurch wird längeres Tauchen möglich. Faktoren, welche den Aufenthalt unter Wasser verlängern, sind: Stille, Bewegungslosigkeit, niedriger Angstpegel, Entspannung.
O_2 bei normaler Atmung direkt zum Atemstop (III). Da alle

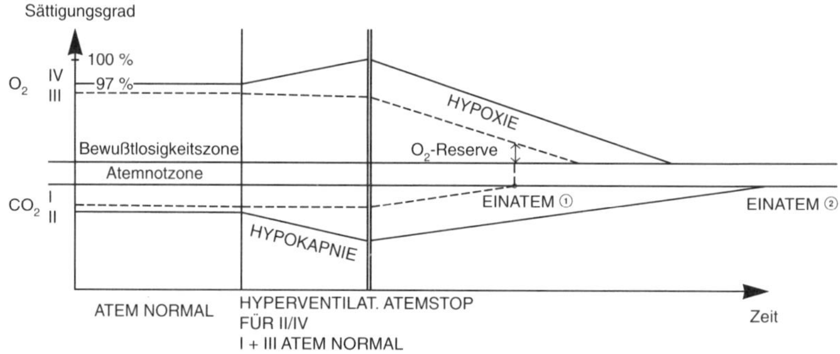

Diagramm zur Hyperventilation

Lebensprozesse Sauerstoff verbrauchen, sinkt der eingeatmete O_2 mit dem Atemstop langsam ab, und es entsteht Hypoxie. Wird der kritische Wert der O_2-Reserve erreicht, sprechen die O_2-Rezeptoren im Aortabogen und in der Halsschlagader an, und der Einatemreflex wird ausgelöst. Wird dieser Punkt überschritten, gelangt man in die Zone der Bewußtlosigkeit.

O_2 beim Hyperventilieren (IV). Da die O_2-Sättigung normalerweise bereits bei etwa 97 Prozent liegt, kann mit der Hyperventilation kein O_2-Reservoir geschaffen werden. Einzig der längere Aufenthalt in großer Höhe schafft mehr rote Blutkörperchen, die dann wiederum mehr O_2 binden können. Auch ein trainierter Körper trägt zu diesem Effekt bei. Dennoch kann es durch Hyperventilation zu einem sanften Anstieg des O_2-Gehalts im Blut kommen. Beim Atemstop fällt der O_2-Pegel langsam wieder ab.

Vergleichen wir nun alle vier Teildiagramme, so ist sehr wichtig zu wissen, daß die CO_2-Rezeptoren lange vor den O_2-Rezeptoren ansprechen. Daher können wir die Reaktion der O_2-Rezeptoren vernachlässigen. Ein Gefahrenmoment besteht besonders bei aktiver Hyperventilation vor langen Tauchversuchen, in denen zusätzlich eine körperliche Höchstleistung gefordert wird, da sich die Hypokapnie mit einem hohen O_2-Verbrauch verbindet und man schneller in den O_2-Reservebereich gelangt. Das Einatmen wird aktiv verzögert, der O_2-Gehalt sinkt immer weiter ab und erreicht schließlich, ohne warnende

Vorzeichen, die Bewußtlosigkeitszone. Obwohl diese Gefahr beim WasserTanzen praktisch nicht besteht, ist es wichtig, die biochemischen Hintergründe der Hyperventilation zu kennen.

Hyperventilation als unerwünschter Effekt ist ein Phänomen, das in der Aquatischen Körperarbeit häufig auftritt. Es wird ausgelöst durch einseitige Atmung des Klienten oder durch ein emotionales Ungleichgewicht. Leichte Hyperventilation entsteht oft aus Angst und läuft während der Wasserarbeit lange Zeit unerkannt mit. Starkes Hyperventilieren zeigt sich in tiefem, schnellem, arhythmischem oder stereotypem, willentlich nicht mehr kontrollierbarem Atmen. Daraus folgen Tetanie (Pfötchenstellung, Krämpfe in Fingern, Mund und Beinen), Panik beim Übergang in die reflektorische Atmung (aus Angst vor einem Kontrollverlust) und eventuell starke Schmerzen. Diese Symptome können aber auch ohne eine von außen beobachtbare Veränderung im Atemrhythmus auftreten.

Die Ursache der Hyperventilation besteht in einer Unausgewogenheit zwischen Ein- und Ausatem, die einen CO_2-Mangel im Blut zur Folge hat. Wenn der CO_2-Gehalt abfällt, verschiebt sich der PH-Wert stärker hin zum Alkalischen, was wiederum den Calziumgehalt in Muskeln und Nerven verringert und zur Tetanie führt. Wie genau diese durch CO_2-Mangel ausgelösten Prozesse ablaufen, ist noch nicht bekannt. Beim aktiven, bewußten Überatmen treten die psychischen und physischen Symptome der Hyperventilation nicht auf, denn der Hyperventilierende atmet entspannt. Hyperventilation als unerwünschter Effekt kann demnach mit Angstsituationen, aber auch mit dem Nicht-Wahrhaben-Wollen von verdrängten Bewußtseinsinhalten, Gefühlen und Empfindungen in Verbindung gebracht werden.

Bestimmte Atemtherapien wie Rebirthing (Leonhard Orr) und Holotropes Atmen (Stanislav Grof) arbeiten gezielt mit der Hyperventilation, um Klienten über starkes Atmen energetisch aufzuladen und so Material vom Unbewußten ins Bewußtsein zu spülen. Bei diesen Therapieverfahren wechselt der Klient oft nahtlos vom aktiven, bewußten Hyperventilieren in unwillkürliche Abläufe.

Beim WasserTanzen gehen wir jedoch davon aus, daß die Symptome der Hyperventilation Notsignale des Körpers als Reaktion auf einen CO_2-Mangel (Hypokapnie) sind. Wir empfehlen folgende Reaktionsmöglichkeiten:

Wassertänzer sollen die Ruhe bewahren und sich bewußt sein, daß der Klient neben der Panik schlimmstenfalls eine Ohnmacht erleben kann. Wir versuchen, dem Klienten das Phänomen zu erklären, insbesondere, daß es mit einer unausgewogenen Atmung zu tun hat und sich mit der Zeit von selbst wieder auflösen wird. Wir schlagen ihm vor, den Akzent auf den Einatem zu legen und beim Ausatmen sanft zu seufzen oder nur durch die Nase zu atmen oder den Atem solange wie möglich anzuhalten. Auch ermuntern wir ihn zu Bewegungen und zum stimmlichen Ausdruck, damit Gefühle wahrgenommen und vielleicht auch ausagiert werden können.

Nach starkem Hyperventilieren kann ein Klient unter Umständen einem sehr langen Atemstop unterliegen. Der Puls bleibt am Körper sichtbar, die Lippen mögen sich blau verfärben, bis dann nach einer langen Pause ein tiefes Einatmen das Leben wieder zurückbringt. Häufig berichten Klienten nach einem solchen Durchbruch von einer wohlig samtigen Hautempfindung und von angenehmer Verbundenheit.

Wenn bei einem Klienten die Hyperventilation öfter auftritt, er damit gut vertraut ist und seine Angst verloren hat, besteht auch die Möglichkeit, die Atmung noch zu verstärken und damit Barrieren zu durchbrechen und bis an den emotionalen Hintergrund zu kommen.

Andererseits gibt es Menschen, die bei den geringsten emotionalen und physischen Erschütterungen ins Hyperventilieren kommen. Da sie nur eine sehr schwache Aufladung vertragen, über schwache Ich-Grenzen verfügen, vegetativ labil und hyperemotional veranlagt sind, rechnen wir sie dem Hyperventilationstyp zu. Hier empfiehlt sich ein Abstecher aufs Trockene mit Atem- und Erdungsübungen.

Psychisch gesehen läßt Hyperventilation auf unbewußte Lebensangst und auf einen Mangel an Urvertrauen schließen. Oft mangelt es an Kontakt zu den eigenen Gefühlen, und es fällt schwer, unangenehme Emotionen wie Aggression, Wut und Angst auszudrücken. Wenn solche Gefühle ausgedrückt werden können, verschwinden in der Regel auch die Verspannungen.

Kapalabhati und Pendelatmung. Makarand Gore berichtet in seinem Buch *Anatomie und Physiologie der Yogapraktiken* über Kapalabhati, einen mit den Bauchmuskeln ausgeführten Feueratem mit 120 Zyklen in der Minute. Die Atmung bleibt dabei sehr flach, und das Atemvolumen sinkt von 450 Milliliter auf 170 Milliliter pro Ein- und Ausatmung. Das Atemvolumen pro Minute hingegegen wird durch Kapalabhati auf das Dreifache gesteigert, der Umsatz steigt von 7 auf 20 Liter pro Minute. Infolge der gesteigerten Atemarbeit, erhöht sich auch der Sauerstoffverbrauch um etwa 10 bis 14 Prozent über den Normalwert. Außerdem wird eine große Menge Kohlendioxyd ausgeschieden. Kurze Zeit nach dem Üben sinkt der Sauerstoffverbrauch überraschenderweise unter den Normalwert! Kapalabhati bewirkt demnach im Atemzentrum eine Verlangsamung des Atemvorganges.

Unbewußtes Kapalabhati wird im Westen Pendelatmung genannt, dabei hechelt der Klient, und die Atmung wird sehr flach und sehr schnell. Der Bewegungsausschlag des Zwerchfells wird immer kleiner, bis er fast ganz wegfällt. Im Gegensatz zur Hyperventilation geschieht hier folgendes: Durch den sehr flachen Atem wird das auszuscheidende Kohlendioxyd in Lunge, Bronchien und Luftröhre immer wieder eingeatmet. Bei dieser „Totraumventilation“ wird also kein frischer Sauerstoff mehr zugeführt. Dadurch sinkt die Sauerstoffreserve im Blut ab. Fällt der Pegel unter ein bestimmtes Minimum, droht Bewußtlosigkeit.

Bei der Pendelatmung entsteht also eine Hypoxie (Mangel an Sauerstoff), während sich bei der Hyperventilation eine Hypokapnie (Mangel an Kohlendioxyd) einstellt.

Atemstop und Tauchreflex

Solange der Atem fließt und der Körper sich bewegt, bleibt das Denken unstet. So lehrt es der indische Pranayama Yoga. Vergleichbar mit dem deutschen Begriff Odem, steht Prana für Atem, aber auch für Lebensenergie, und Yama steht für Kontrolle.

Pranayama ist die Lehre vom bewußten Umgang mit dem Atem. Sie gliedert sich in vier Phasen. Überraschenderweise beginnt sie mit der Retschaka-Ausatmung als wichtigster Phase und geht über zu Kumbhaka, dem Atemstop mit leerer Lunge, zu Puraka, dem Einatmen, und schließlich zu Kumbhaka, dem Atemstop mit voller Lunge. Kumbhaka heißt Zurückhalten des Atems und bedeutet, daß auf dem Höhepunkt der Inspiration (Purna-Kumbhaka) oder nach völliger Expiration (Sunya-Kumbhaka) der Atem angehalten und daß diese Zeit im Laufe des Lebens sukzessive verlängert wird. Kumbhaka führt zu einem Gedankenstop und somit in die Meditation.

Normalerweise kann der Mensch den Atem 25 bis 75 Sekunden lang anhalten. Durch jahrelanges Praktizieren können Yogis zu sehr viel längeren Atemverhaltungen kommen. Die erreichten Zustände werden als Ekstase unter bewußter Selbstkontrolle beschrieben. Darüber hinaus ziehen die Atemtechniken des Yoga tiefgreifende physiologische Effekte nach sich. Es soll zu Verjüngungen, Heilungen und ähnlichen Phänomenen kommen.

Bei Kumbhaka geht es um die Meisterung des in der Yogalehre Lebensknoten genannten Atemzentrums in der Medula oblongata. Keine andere Funktion als der Atem schafft soviele multilaterale Beziehungen. Der Atem ist die Nahtstelle zwischen Körper, Seele und Geist. Die Medula oblongata, zwischen Rückenmark und Mittelhirn gelegen, steht mit allem in Verbindung: mit dem Großhirn, dem Sitz des Bewußtseins, mit dem Vagusnerv, der als Teil des Parasympathikus für Verdauung, Ruhe und Entspannung sorgt, über die Sinnesorgane mit der Umwelt, mit der Psyche und auch mit den Muskeln. Alle diese Teile sind demnach über den Atem beeinflußbar.

Nach dem neuesten Stand der Hirnforschung darf angenommen werden, daß diese Prozesse von der weiter unten erwähnten Zone des bewußten assoziativen Denkens (ZbAD) aus gesteuert werden. Der Atemstop führt aus der linearen Zeit in unwillkürliche Bereiche des Nicht-mehr-Denkens und zu dem Bewußtsein, „daß etwas in mir weiteratmet“, das bezeichnenderweise auch oft von Lichterscheinungen begleitet wird.

Beim WasserTanzen kommen wir spontaner und einfacher zu verlängerten Atemverhaltungen als im Pranayama. Eine wichtige Rolle spielt hierbei der zwar verkümmerte, aber durchaus wieder aktivierbare Tauchreflex. Sobald das Gesicht mit Wasser benetzt wird, lösen spezielle sensible Nervenenden um Mund und Nase diesen Reflex aus. Beim Wechsel vom Luft- zum Wasserelement werden die Gesichtsnerven gereizt, vor allem der Trigeminus, der einen Impuls ans Atemzentrum gibt. Von hier wird der Parasympathikus stimuliert, der die Phänomene des Tauchreflexes hervorruft: eine Herabsetzung des allgemeinen Stoffwechsels und eine Verminderung der Herzschlagfrequenz. Das heißt, es kommt zu einer Bradykardie.

Rund drei Monate vor der Geburt setzen beim im Mutterleib heranwachsenden Menschen die ersten Atembewegungen ein. Dieses Einüben einer erst später lebensnotwendigen Funktion dient der Ausbildung des Tauchreflexes, der die Atemwege von Nase, Rachen, Hals, Bronchien und Lungen beim Eintritt ins Wasser automatisch verschließt und einen Atemstop hervorruft. Der Tauchreflex ist auch beim Säugling noch aktivierbar, zumindest bis zum Alter von vier Monaten.

Beim Erwachsenen ziehen sich als Reminiszenz an den Tauchreflex noch die kleinen bronchialen Verästelungen der Lunge zusammen, wenn er unter Wasser geht. Gleichzeitig vermindert sich die Frequenz des Herzschlags bis um die Hälfte, und das Blut zieht sich in Rumpf und Kopf zurück. Der gesamte Stoffwechsel wird herabgesetzt, und der Sauerstoffverbrauch wird geringer. Bei extremer Atemverhaltung schaltet der Körper sozusagen auf ein Notprogramm. Um zusätzliche Energie zu mobilisieren, werden dann Zuckerreserven in den Zellen abgebaut.

Im Prinzip entzieht sich der Tauchreflex einer willentlichen Steuerung. Doch durch weitgehende Entspannung bis hin zu einem völligen Loslassen des Atmenwollens, durch größtmögliches Vertrauen und durch Hingabe an das Element Wasser scheint es möglich, darauf Einfluß zu nehmen und den Aufenthalt unter Wasser weit über das Normalmaß auszudehnen. Jacques Mayol berichtet aus diesem Grenzbereich menschlicher Erfahrung, daß er seine Aufmerksamkeit auf das Ende des Steißbeins richte und von dort eine Energiesäule visualisiere, die das Rückgrat hochsteige. WasserTanzen-Klienten erzählen gelegentlich, sie hätten unter Wasser „weitergeatmet“. Zeit wird in dieser Zone zu einem relativen Begriff, sie scheint von der uns vertrauten Vorstellung des Chronos in Richtung Kairos zu fließen, einer subjektiv bestimmten, psychischen Zeit.

Ein Zusammenspiel solcher Faktoren scheint am Werk zu sein, wenn einzelne Menschen bis zu sieben Minuten lang, ohne Luft zu holen, unter Wasser bleiben können. Von dem griechischen

Schwammtaucher Haggi Statti sind solche Zeiten – hier durchaus im Sinne von Chronos – unter Wasser bezeugt. Von indischen Yogis geht die Fama, sie hielten es mit entsprechendem Training tage- und wochenlang unter Wasser aus.

Beim WasserTanzen stellt sich ein verlängertes Atemverhalten schnell ein. Es ist jedoch unerläßlich, zuerst an den aufsteigenden Emotionen, Verletzungen und alten Traumen zu arbeiten, die durch die Wassertherapie unweigerlich an die Oberfläche steigen, bevor sich der Atemstop über eine durchschnittliche Dauer hinaus wesentlich verlängert und ekstatische Zustände erreicht werden können.

Atemtechniken

Um eine bewußte Aufmerksamkeit des Klienten bezüglich seines Atemverhaltens zu fördern, bieten wir ihm manchmal ausgewählte Atemtechniken an.

Kreisatmung. Die Kreisatmung dient dazu, eine gute, ausgeglichene energetische Aufladung zu erreichen. Es ist ein tiefes und entspanntes Atmen, ohne daß es zwischen Ein- und Ausatem zu einem Atemstop kommt. Ein- und Ausatmung sind gleich lang und vom Volumen her ausgeglichen. Beim WasserTanzen läßt sich die Kreisatmung einsetzen, um bei der Arbeit an der Wasseroberfläche einen Zustand hoher Präsenz zu erreichen.

Kopf-Herz-Becken-Atmung. Bei dieser Atemtechnik beobachten wir, wie der Luftstrom des Einatmens in die Nase strömt, wie er die Lungen füllt, den Brustkorb dehnt und dann weiter fließt und den Bauchraum weitet. Dann kehrt der Luftstrom seine Richtung um und verläßt den Körper durch die Nase. Wir beobachten den Atem, ohne ihn willentlich zu beeinflussen. Zur Verbindung von Kopf, Herz und Becken mag folgendes Bild dienen: Beim Ausatmen lassen wir völlig los, um dann beim Einatmen ins Sein und mit dem Ausatmen ganz entspannt wieder ins Nichtsein hinüberzugleiten. Dazu können wir auch seufzen, was uns davor bewahrt zu hyperventilieren und uns in die Schwingung eines Klanges versetzt.

Kreisende Welle. Zur Atmung mit der kreisenden Welle, stellen wir uns vor, daß sich mit dem Einatmen vom Steißbein her eine Welle bis zum Kreuzbein hoch aufbaut, daß sie sich in der Mitte des Beckens überschlägt und nach vorn zum Schambein hin ausrollt. Wir verbinden einen entspannten Atem mit diesem Bild und führen dazu eine sanfte Beckenbewegung vor und zurück aus. Indem wir diese kreisende Welle vom Steißbein aus hochziehen, formiert sie sich zum kleinen Atemkreis, und wir erreichen damit nach und nach die darüber liegenden Chakren, bis wir sogar das dritte Auge erreichen. Ausgehend von der sanften Beckenbewegung entsteht eine erweiterte Wellenbewegung, die auch Brust und Kopf miteinbezieht.

Sonne-Mond-Atmung. Der Lehre des Yoga zufolge ist der Körper von insgesamt 72.000 sogenannten Nadis durchzogen, feinstofflichen Energiebahnen, in denen Prana befördert wird. Der Energiefluß durch die Nadis hält den Körper gesund und vitalisiert ihn. Zu den ersten Bemühungen des Yoga gehören Übungen, um die Nadis zu befreien, damit die Energie wieder frei durch sie hindurchfließen kann. Die drei Hauptnadis im Körper sind Ida, Pingala und Sushumna. Ida beginnt im linken Nasenloch, führt links entlang der Wirbelsäule nach unten und endet am Steißbein. Ida hat eine negative Ladung und ist von einer femininen, dem Mond verbundenen, passiven, rezeptiv kühlenden Qualität. Pingala fängt im rechten Nasenloch an, führt rechts entlang der Wirbelsäule nach unten und endet ebenfalls am Steißbein. Pingala hat eine positive Ladung und ist von einer maskulinen, der Sonne verbundenen, aktiven, kreativen und wärmenden Qualität. Ida und Pingala entsprechen dem Parasympathikus und dem Sympathikus.

In Sushumna, dem dritten Hauptnadi, fließt die Energie in umgekehrter, aufsteigender Richtung. Sushumna verläuft zwischen Ida und Pingala und entspricht dem Rückenmark. Sie fängt am Steißbein an, reicht zur Medula oblongata und weiter hinauf bis zum dritten Auge. Sushumna wird erst aktiviert, wenn Ida und Pingala in ihrer Funktionsweise ausgeglichen sind. Wenn die Energie durch Sushumna vom Steißbein her durch die Chakren nach oben fließt, erlebt man die legendäre Erweckung der Schlangenkraft, das Aufsteigen der Kundalini. Ein durchschnittlich gesunder Mensch atmet alternierend eine Stunde lang durch Ida und eine Stunde lang durch Pingala, das heißt, eine Stunde lang eher durch das linke Nasenloch und daraufhin wieder eher durch das rechte. Um Ida und Pingala gleichmäßig zu aktivieren und damit rechte und linke Hirnhemisphäre auszugleichen, ist es wichtig, gleichzeitig und gleichmäßig durch das rechte und das linke Nasenloch zu atmen.

Bei der Sonne-Mond-Atmung nehmen wir eine aufrechte Sitzposition ein und verschließen zunächst das rechte Nasenloch mit dem rechten Daumen und atmen durch das linke Nasenloch ein und aus. Daraufhin verschließen wir mit dem kleinen Finger das linke Nasenloch und atmen rechts ein und aus. Diese Übung praktizieren wir zehn bis zwanzig Minuten lang, ganz nach eigenem Gutdünken. Nach dem Einatmen kann zusätzlich eine Atempause mit Verschließen beider Nasenlöcher eingefügt werden. Beim Einatmen durchs linke Nasenloch visualisieren wir den Verlauf von Ida links neben der Wirbelsäule zum Steißbein hinunter. Beim Einatmen durch das rechte Nasenloch visualisieren wir den Verlauf von Pingala rechts neben der Wirbelsäule bis zum Steißbein hinunter. Beim Atemstop ziehen wir die Muskeln des Beckenbodens leicht zusammen und visualisieren, wie die Energie vom Steißbein über Sushuma die Wirbelsäule entlang bis zum dritten Auge hochgezogen wird.

Bewegung

Jede Mutter weiß, daß sie ihr Kind in den Schlaf wiegen und dabei den nirwanischen Tanz des Fötus quasi wiederholen muß... Rhythmische Bewegung erinnert uns alle an ein verlorenes Nirwana des Gleichmuts. Aber wir sollten daran denken, daß der Tanz mehr ist als eine regressive Erinnerung, obwohl in vielen von uns synchrone Rhythmen, Musik und Kontrapunkt eine tiefe ozeanische Sehnsucht erwecken, eine Sehnsucht nach dem mütterlichen Schutz.

Joost Merloo: *The Dance*, 1960

Die sieben Grundformen

Die Bewegungskategorien beim WasserTanzen scheinen grundlegenden Mustern nicht nur des Körpers, sondern auch des Wassers selbst zu entsprechen. Alle Figuren des WasserTanzens lassen sich sieben Grundformen zuordnen.

Die *Welle* ist die häufigste und mächtigste Bewegungsform, die an ein Grundprinzip des Körpers anschließt, den sogenannten Orgasmusreflex, bei dem der Körper von Segment zu Segment durchbewegt wird. Der Körper wird horizontal durchs Wasser bewegt und dabei in der Vertikalen nach oben gezogen oder nach unten gedrückt. Von Fuß bis Kopf geht eine Welle durch den Körper, von der sämtliche Gelenke nacheinander erfaßt werden.

Die Welle kommt beim WasserTanzen in der Fuß- oder Knieschlange zur Anwendung.

Aikidos sind Bewegungen, bei denen Arme oder Beine als Hebel verwendet werden, um den Körper um Hauptgelenke zu beugen oder zu strecken. Beim Beinaikido liegt der Drehpunkt im Hüftgelenk, während die ausführende Hand das Fußgelenk hält und mit wenig Kraftaufwand auf den übrigen Körper einwirkt. Beuge- und Streckbewegungen und sogar die Welle lassen sich mit Leichtigkeit ausführen. Das Gelenk, auf dem der Drehpunkt liegt, wird dabei geöffnet, von Spannungen befreit und mit einem erweiterten Bewegungsspielraum versehen.

Im WasserTanzen kommen Arm-, Bein- und Knieaikidos zur Anwendung. Der Begriff Aikido stammt aus dem japanischen Budosport und bezeichnet dort eine sanfte Kunst der Verteidigung, bei der es darum geht, Angriffsenergie geschickt umzulenken.

Rollen sind Bewegungen um die Längsachse des gestreckten Körpers. Zum Auf- oder Untertauchen ist die Rolle eine ideale und oft verwendete Bewegung. Wird die Drehung von der Hüfte aus geführt, rollt der Körper lediglich um seine Achse; kommt ein Zug an Armen oder Füßen hinzu, kann eine Spiralform entstehen. Allerdings läßt sich diese Figur nur ausführen, wenn sich der Klient bewußt in seine Längsachse ausdehnt und damit die Bewegung unterstützt.

Rollen kommen im WasserTanzen bei Walzer, Knie- und Armrolle zur Anwendung.

Die *Kugel* ist eine Drehung um das Hara, den Schwerpunkt des Körpers. Der Klient wird in eine Fötushaltung gebeugt und um seine Querachse bewegt. Eingefaltet in die als Schutzhaltung empfundene Kugel geht es beim Purzelbaum drunter und drüber, Oben und Unten verlieren ihre Richtung, die räumliche Wahrnehmung wird aufgelöst. Idealerweise geht diese Bewegtheit über in das stille Gehaltenwerden des Embryo, eine Position, in der die Erfahrungen gut integriert werden können.

Die Kugel kommt im WasserTanzen bei Purzelbaum und Embryo zur Anwendung.

Kreisel sind schnelle Drehfiguren, die bei den Klienten oft beigeisterte Reaktionen hervorrufen. Vom faszinierenden Geräusch des vorbeirauschenden Wassers wird berichtet und vom Gefühl des Fliegens. Wassertänzer und Klient drehen sich in gleichbleibender Distanz um eine gemeinsame Achse, auf die zentrifugale und zentripetale Kräfte zugleich wirken. Die Schwierigkeit für den Wassertänzer besteht darin, daß er sich in diesem Spiel der Kräfte entspannt und die Drehung mit einem Minimum an Kraftaufwand ausführt.

Kreisel kommen im WasserTanzen beim Karussell und bei der Seitenschlange zur Anwendung.

Beim *Umfangen* kommt es zum weitestgehenden Körperkontakt zwischen Wassertänzer und dem eingefalteten, eingewickelten und in den Armen gehaltenen Klienten. Diese Bewegungen vermitteln, mit starken Dehneffekten verbunden, Sicherheit und Nähe. Umfangen setzt einen Kontrapunkt zu den offenen und freien Bewegungen. So setzt das Umfangen nach Bauch- oder Rückenschlange einen organischen Endpunkt, und es kommt zu einem ruhigen Kontakt von Rücken zu Brust oder von Brust zu Brust.

Umfangen kommt im WasserTanzen beim Akkordeon und als Erweiterung der Seitenschlange zur Anwendung.

Freisetzen bringt die Gegenbewegung zum Umfangen. Von einem starken Impuls auf gerade Bahn geschickt, schießt der Klient gestreckt aus der Umarmung und schwebt einen Augenblick lang frei im Wasser, ohne daß er vom Wassertänzer berührt oder manipuliert würde. Seine Aufmerksamkeit wird dabei auf die Wahrnehmung der Eigenbewegung und auf das Wasser als tragendes Element gelenkt. Beim Tief unten liegt der Körper des Klienten auf dem Grund des Beckens. Der Wassertänzer bringt ihn mit kräftigem Zug an den Füßen wieder an die Oberfläche, läßt ihn ohne Berührung an sich vorbeischweben, bis er ihn schließlich am Kopf sanft auffängt.

Freisetzen kommt beim WasserTanzen als Einleitung oder Abschluß von Bauch- und Rückenschlange und beim Tief unten zur Anwendung.

Bei *Inversionen* liegt der Kopf des Klienten tiefer im Wasser als sein Becken. Dabei wird der Klient in der Stille gehalten. Diese ungewohnte Lage sorgt zuweilen für Überraschungen, denn der Klient mag sich an Zeiten in der Gebärmutter erinnern und darauf mit Erschrecken reagieren. Inversionen sollten langsam eingeleitet werden, damit sich der Klient an die neue Lage gewöhnen kann und mit dem Druck der Tiefe sowohl auf psychologischer wie auf physiologischer Ebene zurechtkommen lernt. Zu Beginn einer Behandlung sollten keine Inversionen eingesetzt werden. Später können sie gut wiederholt werden, damit sich der Klient tiefer auf sie einlassen kann. Vom Wassertänzer ist rasches und sicheres Reagieren gefordert, sobald der Klient signalisiert, daß ihm in dieser Haltung unter Wasser nicht mehr wohl ist.

Inversion kommt im WasserTanzen zur Anwendung beim Pendel, beim Gehängten und beim Embryo.

Bei all diesen Bewegungen muß der Haltung des Nackens und des Kreuzbereichs als neuralgischen Punkten der Dehnung besondere Aufmerksamkeit geschenkt werden. Selbst in der Grundhaltung kann es rasch zu einer Hyperextension des Nackens kommen, wenn der WasserTänzer bei hypotonen Klienten zuwenig auf eine ausgeglichene Haltung achtet.

Zu aktiven Überdehnungen kann es bei der Kopfschlange im Nacken und bei der doppelten Schlange in Nacken und Kreuz kommen. Klienten mit wenig Spannung im Körper geraten leicht in eine passive Überdehnung, wenn sie in der Grundhaltung falsch unterstützt werden. Ihr Nacken liegt dabei in der Ellbeuge, ihr

Kreuz wird mit der flachen Hand gestützt, aber nicht so, daß sie vor einer Überdehnung bewahrt bleiben. Nervenbahnen in den zu stark verschobenen Wirbeln werden in einer solchen Haltung gereizt, bis sich unter Umständen akute Schmerzen einstellen. Zu solchen Schmerzen können auch überdehnte Gelenkkapseln und verspannte Muskeln oder das Abschnüren der Blutzufuhr beitragen.

Um hypertone Klienten vor einer Überdehnung zu bewahren, stützt der Wassertänzer den Kopf so oft er kann, in der Grundhaltung zum Beispiel unter der Schädelbasis oder unter dem Hinterkopf, und führt mit der Ellbeuge leichte Schaukelbewegungen aus, damit die Nackenhaltung variiert. Zusätzlich wird in der Grundhaltung wechselweise Zugspannung auf die Wirbelsäule ausgeübt. Mal erfolgt der Zug vom Nacken aus und führt die Bewegung an, dann wieder geht er auf das Becken, und der Körper folgt in die Gegenrichtung. Auch hier ist es wieder Bewegung, die aus einer festgefahrenen hypotonen Haltung führt. In der Fußschlange beispielsweise achtet der Wassertänzer auf bewegte Übergänge, und wenn es zu einem Stillstand kommen sollte, stützt der Wassertänzer mit ausgestrecktem Bein den Kopf des Klienten, indem er mit seinem Zeh Kontakt mit der Schädelbasis aufnimmt und eine Dehnung der Halswirbelsäule erreicht. Bei der Bewegungsform der Kopfwende ergibt sich die Möglichkeit einer starken Flexion der Halswirbelsäule unter Zugspannung, was eine angenehme Gegenwirkung zur bestehenden Hyperextension mit sich bringt.

Eine Überdehnung des Kreuzbereiches kann sich ergeben, wenn der Klient nicht im Körperschwerpunkt beim Hara gehalten wird, sondern eher am Auftriebspunkt zwischen Herz und Solarplexus. Bei Sinkern, tendenziell muskulösen, großen und schweren Menschen, hängen oft die Beine durch, was den Kreuzbeinbereich übermäßig belastet und zu einem unangenehmen Knick der Wirbelsäule führt. Beim WasserTanzen neigen Klienten dieses Körpertypus zu allem Überfluß auch noch dazu, vor dem Untertauchen auszuatmen, so daß sie dem Boden zustreben und nur schwer wieder an die Oberfläche zu bringen sind.

Hier empfiehlt sich als Grundposition das Akkordeon, eine Nacken-Knie-Haltung. Damit wird der Körperschwerpunkt in die Nähe oder unter den Auftriebspunkt gebracht, was den Körper leichter macht und in eine Beugehaltung bringt. Mit Auftriebshilfen, Manschetten aus Schaumstoff, die dem Klienten an Unter- oder Oberschenkeln angebracht werden, lassen sich die Beine mühelos zum Schweben bringen, was dem Lumbalbereich sofort Entspannung bringt. Der Klient kann auch aufgefordert werden, sein Atemverhalten rund um das Untertauchen dahingehend zu verändern, daß er mit Luft unter Wasser geht und vielleicht gerade so viel ausatmet, wie nötig ist, um in einen Zustand des schwerelosen Schwebens zu gelangen.

Wellen- oder Schlangenbewegung

Die Bewegungen des WasserTanzens kreisen mehr oder minder alle um die eine urtümlich in uns angelegte, organische Bewegungsform aus dem Urgrund des Körpers. Die Schlangenbewegung ist eine nicht lineare Bewegung, die, wenn aktiv ausgeführt, von Hunderten verschiedener Muskeln um die Wirbelsäule erzeugt wird und für viele Menschen nicht einfach zu vollbringen ist. Beim WasserTanzen hält das Denken nicht mit, da die Welle auf den entspannten Körper ausgeübt wird. Hier muß sich der Klient nicht anstrengen, und darüber hinaus bereiten Schlangenbewegungen auch noch lustvolle Körperempfindungen.

Schlangen- oder Wellenbewegungen sind Abläufe, welche die Grundrhythmen des Lebens aufgreifen. In der Entwicklungsgeschichte folgt die sagitale, zwischen vorn und hinten, mit den Beugern und Streckern des Rumpfes ausgeführte Wellenbewegung der Säuger auf die ältere seitlich ausgeführte Schlangenbewegung, wie wir sie bei Fischen und Kriechtieren antreffen. Alle primären Bewegungen des Menschen sind wellen- oder schlangenförmig: Gehen, Lieben und Gebären. Sich diesen Bewegungen hinzugeben, erlöst die tiefsten Geheimnisse des Körpers. Als Verbindung zwischen unbewußten Reaktionen und bewußtem Handeln führen sie zu veränderten Bewußtseinszuständen und Ekstase.

„Unwillkürliches Schütteln, Zittern, Wellen, Schlängeln durch den ganzen Körper, aus seiner Tiefe kommend, sind Zeichen der Heilung des Unbewußten“, bestätigt Kaye Hoffman in *Tanz, Trance und Transformation*. Sie zeigt auf, daß einer der lateinischen Namen Gottes „Tremendum“ ist, was nichts anderes heißt als „das, was uns zittern läßt“. Zittern steht hier für eine feine, sublimierte Schlangenbewegung aus Ergriffenheit, nicht zu verwechseln mit dem körperlichen Ausdruck von Furcht.

Aus den Bewegungen von Schlange und Welle ergibt sich die *Achterschlaufe*. Die Acht beschreibt zwei aneinanderstoßende Kreise und bringt damit den großen Vorteil des ständigen Richtungswechsels, mit anderen Worten: Sie ist eine geradezu vollendete Grundbewegung mit vielen Abänderungen und verbindet die Extreme von Flexion und Extension, Öffnen und Schließen, Fern und Nah. Oft sind wir uns dessen nicht bewußt, doch mit den meisten Bewegungen beschreiben wir eine Acht, und erhalten hierdurch eine sanfte, runde Form mit fließenden Übergängen. Der Wassertänzer hat den großen Vorteil, daß er die Bewegungen mit einem Minimum an Kraftaufwand ausführt: Er verschraubt und löst seinen Körper gemäß seiner spiralförmigen Struktur.

Bildhaft gesprochen liegen zwei kleine Kreise als Gegensatzpaar beieinander, und ein großer Kreis umschließt sie beide. Der Berührungspunkt der beiden kleinen Kreise ist gleichzeitig der Mittelpunkt des großen. Die kleinen Kreise symbolisieren den Gegensatz von Yin und Yang. Zu dieser Gegensätzlichkeit bemerkt Fritjof Capra in *Das Tao der Physik* (1983), sie stehe ursprünglich für die Sonnenseite und die Schattenseite eines Berges und zeige damit die wechselseitige Bezogenheit zweier sich scheinbar ausschließender Konzepte. Paare wie Tag und Nacht, Sonne und Mond, Mann und Frau, Elektron und Positron sind Beispiele für solche Gegensätze, die ihrer Natur nach eigentlich identisch sind und nur verschieden in ihrem Grad. Wie bei den kleinen Kreisen berühren sich die beiden Extreme an einem bestimmten Punkt, und sie können miteinander in Einklang gebracht werden. Am Berührungspunkt wird der Zirkel angesetzt, um die beiden gegensätzlichen kleinen Kreise zu umschließen. Damit kommt die Befreiung.

Auf den Körper bezogen können wir diese Gegensätzlichkeit beispielsweise in der Beugung und Streckung wiederfinden. Auch hier gibt es einen Berührungspunkt der beiden kleinen Kreise, der dem Mittelpunkt des großen Kreises entspricht. Das ist der Punkt, wo die Beugung in die Streckung übergeht, der Einatem in den Ausatem, jenes Nicht-mehr und Noch-nicht, das mit geringstem Muskelaufwand zugleich die perfekteste Längung des Körpers darstellt. An diesem Punkt entsteht Pulsation, vollendete Balance, fließende Ruhe.

Wo immer sich ein Gegensatzpaar trifft und die daraus entstehende Spannung ausgehalten wird, öffnet sich eine Tür zur Transzendenz. Der kleine Moment zwischen Ein- und Ausatmen hebt Vergangenes und Zukünftiges auf und bringt die Gegenwart. Der Buddhist Thich Nhat Hanh meint hierzu: „Einatmend beruhige ich Körper und Geist. Ausatmend lächle ich. Im gegenwärtigen Moment verweilend weiß ich, daß dies der einzige Moment ist.“ (*Innerer Friede – Äußerer Friede*, Zürich 1993)

Bewegungssequenzen

Ob wir uns dessen bewußt sind oder nicht, stets ereignen sich die Dinge in einer bestimmten Folge. Im Großen sehen wir das beim WasserTanzen, wenn wir den Ablauf einer ganzen Behandlungsreihe betrachten. Eingangssitzungen werden vom Klienten häufig als angenehm und spielerisch empfunden; auf der psychodynamischen Ebene ist es das Spiel mit der Nähe und der Aufbau einer positiven Übertragung. Wenn diese in einer zweiten Phase zugelassen wird, entsteht die „Sehnsuchtsproblematik“. Das heißt, der Klient wünscht sich vom Therapeuten Nähe und Liebe, die er als Kind nicht hat bekommen können. Die Behandlungen im Wasser können dieses Bedürfnis bis zu einem gewissen Grad befriedigen, doch jetzt geht es mehr um therapeutische Begleitung. Die dritte Phase führt über das Problematische hinaus zu einem befreiten Umgang mit Bedürfnissen, die benannt und unterschieden werden können. Nähe kann jetzt bewußt gesucht und zugelassen werden, gelegentlich kommt es zu lustvoll erfahrenen Eigenbewegungen des Klienten.

Auch im Verlauf einer einzelnen Sitzung zeigt sich eine bestimmte Sequenz, wiederum dreifach gegliedert in einen Anfang, eine Mitte und ein Ende. Den Übergang vom Land ins Wasser und zurück markieren wir mit einer Stellung, bei der der Klient auf seinen eigenen Füßen mit dem Rücken gegen den Beckenrand steht. Wir beginnen mit einem einführenden Gespräch und daraufhin mit einfachen, fließenden Bewegungen an der Wasseroberfläche, die geeignet sind, Tänzer und Klient aufeinander einzustimmen. Der Anfang wird beschlossen mit dem bewußt geführten Eintauchen in die Welt unter Wasser.

In der Mitte der Behandlung haben wir Gelegenheit, mit verschiedenen Bewegungsformen zu spielen und ganze Abläufe wie die Kurzform miteinander zu kombinieren. Als wichtige Ergänzung arbeiten wir jetzt auch mit ungeordneten und unvorhersehbaren Elementen und setzen ab und zu einen Kontrapunkt der Stille. Das ist die Phase, in der wir an körperliche, emotionale und geistige Begrenzungen herankommen und sie lösen können.

Zum Schluß folgen wieder ruhige, integrierende Bewegungen, diesmal jedoch unter Wasser. Inversionen wie der Embryo kommen zur Anwendung. Das Auf- und Eintauchen kombinieren wir mit einer Massage von Hand, Fuß, Gesicht und Bauch. Mit dem Abnehmen der Nasenklemme signalisieren wir dem Klienten das nahe Ende einer Sitzung. Aus der Grundposition wechseln wir in die Meerjungfrau und finden so einen eleganten Übergang zum abschließenden Stand am Beckenrand. Nach einer gewissen Zeit der Gewöhnung und des Nachschwingens kommt die Gelegenheit zum Nachgespräch.

Die kleinste und verdichtetste Sequenz beim WasserTanzen ist die Zeit unter Wasser zwischen zwei Atemzügen. Zunächst fällt diese Tauchphase recht kurz aus, mit zunehmender Gewöhnung und erhöhtem Vertrauen verlängert sie sich jedoch. Das ist die Regel, doch verschiedene zusätzliche Faktoren spielen mit hinein: Ist eine Bewegungsfigur für einen Klienten emotional besetzt, so verkürzt sich die Tauchphase aufgrund von Angst oder Panik drastisch. Auch die Menge der eingeatmeten Luft spielt eine Rolle, weil durch zu viel eingeatmete Luft die Beweglichkeit des Körpers vermindert wird. Es liegt übrigens nicht immer am Klienten, auch der Therapeut kann diese Sequenz aus Nichtwissen oder Ängstlichkeit zu kurz oder zu lang halten.

„Der Atem bedeutet für das Innere des Körpers, was die Bewegung für sein Äußeres ist", erklärt Harold Dull. Ganz offensichtlich erreichen wir beim WasserTanzen die schönsten Augenblicke dann, wenn Atem und Bewegung in Harmonie sind. Das gleiche gilt für das organische Ineinandergreifen der verschiedenen Sequenzen.

Der Wassertänzer

Wassertänzer sollten gut in ihrer Mitte ruhen, im Hara, dem zweiten Chakra, dem traditionellerweise das Element Wasser zugeordnet wird. Unter Hara verstehen wir den Schwerpunkt des Körpers als physischen und energetischen Ausgangspunkt unseres Tuns. Damit ist nicht eine bestimmte Haltung oder Vorstellung gemeint, sondern eine körperliche Präsenz, ein Bezugspunkt in unserer Mitte, zu dem wir immer wieder zurückkehren können. Die Mitte verloren zu haben, wird erfahren als getrennt sein, Zurückhaltung, mangelnde Flexibilität. Wenn wir in Gedanken durch Vergangenheit oder Zukunft schweifen, nachdenken, ob wir etwas richtig tun, dann sind wir aus der Mitte heraus.

Als Morihei Ueshiba, der Begründer des Aikido, gefragt wurde, ob er, der Meister des Gleichgewichts, denn jemals die Mitte verloren habe, antwortete er: „Ja, immer, aber ich gewinne die Mitte so schnell zurück, daß ihr nicht seht, wie ich sie verliere." In der Mitte ruhen, bedeutet demnach, die Empfindungen des Körpers bewußt wahrzunehmen und sich im lebendigen Austausch zu erfahren. Das Instabile wird dabei durch dauernde Anpassungsleistung zur Ruhe gebracht.

Das Gewicht verlagern, aus dem Gleichgewicht geraten und das Ungleichgewicht mit großen, langsamen Schritten wieder auffangen, das ist die Kunst des bewußten Ungleichgewichts, mit der im Wasser auf mühelose Art Bewegung entsteht: ein Tanz um den gemeinsamen Schwerpunkt zweier Körper. Was sind die Regeln dieses Tanzes? Je weiter der Tänzer aus dem Wasser herausragt, desto schneller wird der Tanz. Rotationen mit der Wirbelsäule sind Bewegungen, die aus der Körpermitte kommen, sie entsprechen einem spiraldynamisch optimalen Einsatz der Muskeln. Bewußter Atem steht am Anfang und Ende jeder gelungenen Bewegung. Atem und Bewegung verschmelzen bis zu dem Punkt, von dem aus der Atem die Bewegung initiiert: Ausatmen geht zusammen mit einer Bewegung vom Körper weg, Einatmen geht zusammen mit einer Bewegung zum Körper hin.

Psychisch gesehen geht es aber auch um ein Gleichgewicht zwischen Anspannung und Entspannung, um einen Zustand, der nur wenigen vertraut ist. Diese Balance ist dann eine dynamische Ruhe in Gedanken, Gefühlen und Aktionen, die Aufmerksamkeit ist hell und wach im ganzen Körper. Der in diesem Zusammenhang so wichtige Unterschied zwischen Wachheit und Alarmiertheit läßt sich bei Kleinkindern gut beobachten, deren Augen offen, entspannt und leuchtend sind, und die sensuellen Reizen zu folgen vermögen, ohne daß ihr Atem seine Regelmäßigkeit und seinen Rhythmus verlöre.

Richard Strozzi Heckler schreibt dazu in seinem Buch *The Anatomy of Change:* „Studien am Nervensystem haben ergeben, daß dieser Zustand einer ruhigen Wachheit der optimale Zustand der Formatio reticularis ist, der Hirnregion also, welche den Muskeltonus, den Gleichgewichtssinn und die Reflexe reguliert. Sie steuert das Aufrechtsein, die Grazie, Stärke, Effizienz, die Anpassungsleistungen und das Reaktionsvermögen unseres Körpers, mithin reguliert sie den Fluß unseres Bewußtseins."

Einen Klienten in die Entspannung führen zu wollen, ohne selbst bereits dort zu sein oder sich zumindest in diese Richtung zu bewegen, wäre ein Ding der Unmöglichkeit. Die Aufmerksamkeit des Gebenden richtet sich ebenso nach außen auf den Klienten wie nach innen auf die Befindlichkeit des eigenen Körpers. Der Wassertänzer spürt während der Arbeit ständig in den eigenen Körper hinein, erkennt in sich Verspannungen und sucht nach der elegantesten Art, in der er eine Bewegung möglichst mühelos ausführen kann. Dies geschieht nach dem Grundsatz: Wenn ich einen anderen behandle und ihm Gutes tue, so tue ich das gleichzeitig auch für mich. Daraus entwickelt sich eine sanfte, am Fluß der Energie orientierte Vorgehensweise, die es selbst einem kleinen, mit Muskeln nicht eben reichlich ausgestatteten Wassertänzer erlaubt, mit großen, schweren und steifen Klienten zu arbeiten.

Die Verbindung zur eigenen Mitte, die Wachheit und energetische Präsenz des Wässertänzers sind die Grundlagen für einen guten Kontakt zu sich selbst. Aber auch der Kontakt zum Klienten will beachtet sein. Kontakt verstehen wir hier nach Fritz Perls als „freudiges Anerkennen von Unterschieden". Wir suchen nach einer Mitte zwischen den Polen von Invasion, einem Mangel an Respekt vor den Grenzen des anderen, der sich durch zu schnelle körperliche Nähe und durch Vereinnahmung kennzeichnet, und Deprivation, der Angst eines Therapeuten vor Nähe und Intimität. Kontakt entsteht zwischen diesen beiden Extremen als lebendiger Prozeß voller Dynamik und Rhythmus, getragen von zunehmender Resonanz.

Um die dabei aufkommenden emotionalen Prozesse begleiten zu können, das heißt, um auch die Schattenaspekte dieser Arbeit annehmen und integrieren zu können, ist es unabdingbar, daß der Wassertänzer mit grundlegenden *psychodymamischen Abläufen* vertraut ist. Psychologische Gesprächsführung, Übertragung und Gegenübertragung, Widerstand sollten für einen Wassertherapeuten keine Fremdwörter sein. Eine Einführung in diesen Bereich ist fester Bestandteil der Ausbildung zum Aquatic Bodyworker. In einem Vor- und Nachgespräch erkundigt sich der Wassertänzer bei jeder Behandlung nach dem seelischen und körperlichen Befinden des Klienten. Das kann gelegentlich durchaus zu einer Sitzung an Land führen, bei der die aufgetauchten Themen bearbeitet werden.

Bevor er eine Bewegung mit dem Klienten ausführt, vergegenwärtigt der Tänzer sie sich vor seinem inneren Auge. Er sieht eine Figur und mißt daran die effektiv ausgeführte Bewegung. Die Abweichung zeigt eine mögliche Blockierung des Klienten an. Die wird so austariert, daß der Körper des Klienten so nah wie möglich an die optimale Form der Bewegung herankommt. Das geschieht nicht etwa aus einem verfehlten Ehrgeiz heraus, mit jedem Klienten eine olympiareife Vorstellung zu erreichen, sondern um dem Körper eine Bewegungserfahrung zu erschließen, die seinen besten Möglichkeiten entspricht: mit minimalem Einsatz von Muskelkraft maximale Wirkung erreichen.

Angewandt auf beispielsweise die WasserTanz-Bewegung des Purzelbaums kommt es also darauf an, den Klienten exakt in der korrekten Bewegungsebene zu führen. Der Körper des Klienten wird dabei um eine imaginäre Achse durch die Hüftgelenke gedreht. Je besser diese Achse eingehalten werden kann, desto näher kommen die an den Körper vermittelten Informationen einer optimalen Bewegung. Darüber darf allerdings nicht vergessen werden, daß der Wassertänzer das Körperwesen seines Klienten dazu ermutigen soll, ihm zu helfen. Eine Bewegung kann nicht erzwungen werden. Vielmehr gilt es, den Bewegungsspielraum eines Körpers zu erkennen und in dessen vorgegebenen Grenzen zu einer natürlichen Balance zu finden.

Nichts wäre verfehlter als die Idee, mit einem Klienten ein bestimmtes Bewegungsprogramm durchturnen zu wollen, ohne mit seinen wahren Bedürfnissen in Kontakt zu sein. Unter Umständen kommt es während einer Behandlung nur zu einigen ganz wenigen Bewegungen, und bei einer anderen Behandlung wird vom Wassertänzer vielleicht nichts anderes verlangt, als einfach da zu sein und zu halten. Obwohl das im Rahmen eines solchen Leitfadens und einer Ausbildung schwerer zu vermitteln ist, kommt es beim WasserTanzen viel mehr auf das Sein an als auf das Tun. Die Präsenz des Tänzers, seine Fähigkeit, den Geist wach und offen zu halten, berührt zu werden und andere zu berühren, zeigt sich in der Hingabe an den Augenblick und in seiner Wertschätzung ästhetischer Bewegungsformen. Der Genuß von Schönheit mag hier mehr zu einer Heilung beitragen als lehrbuchmäßig korrekt ausgeführte Bewegungen. Der Wassertänzer hört auf seinen eigenen Körper und den des Klienten. So kann sich Meditation in Bewegung ereignen – der ideale geistige Weg für die vielen Menschen, die über aktives Tun zu innerer Stille gelangen. Er nimmt sich zurück bis zu einem Punkt, wo der andere ihn kaum mehr wahrnimmt und seine Bewegungsimpulse den Klienten auf unmerkliche Weise in neue Bereiche gleiten lassen.

Der ungarisch-amerikanische Psychologe Mihaly Csikszentmihalyi konnte mit umfangreichen Forschungen an begeisterten Schachspielern, Chirurgen und Musikern zeigen, daß Menschen, die etwas mit Freude tun, in einen Zustand des von ihm so genannten Flow geraten: Sie konzentrieren ihre Aufmerksamkeit auf ein eingeschränktes Stimulusfeld, vergessen darüber persönliche Probleme, verlieren den Sinn für die Zeit und für sich selbst, gleichzeitig fühlen sie sich aber kompetent, beherrschen die Situation und empfinden Harmonie und Einheit mit ihrer Umwelt.

Eine Flow-Aktivität bietet Handlungsgelegenheiten, die dem Können der betreffenden Person entsprechen, mit klaren Zielen und den passenden Mittel, diese zu erreichen. Flow-Aktivitäten führen nach Csikszentmihalyi oft zu einem Gefühl der Transzendenz und des Verschmelzens mit der Welt.

Der Klient beginnt von einem bestimmten Punkt an, Bewegungen selbst zu initiieren, indem er Impulsen seines befreiten Körpers bewußt nachgibt oder ihnen unbewußt durch reflexartiges Ausagieren folgt. Der erste Schritt dahin ist stets mit Hingabe an sich selbst, das Wasser und die Bewegungen verbunden. Damit einher geht eine Entspannung und Offenheit gegenüber dem Ablauf der Behandlung und den eigenen Gedanken. Diese Hingabe kulminiert in Freiheit und Freude – und mündet nicht selten in spontanen *Eigenbewegungen*. Die Rolle des Wassertänzers kehrt sich nun insofern um, als die Bewegungen nicht mehr von ihm ausgehen, sondern er sich lediglich darum zu kümmern hat, daß der Klient weiterhin solide gehalten wird, daß seine Eigenbewegungen eventuell verstärkt werden und er zur rechten Zeit Luft holen kann.

Möglicherweise sind beim WasserTanzen auch noch andere Kräfte am Werk. Denken wir nur an die Bewegungsform des Karussells. Wenn der Wassertänzer dabei nach hinten geht und sich beinahe rücklings fallen läßt, und der Klient, am gestreckten Arm gehalten, wie ein Planet um die Sonne kreist, spielen viele einzelne Faktoren zusammen, die von der Vorstellungskraft des Tänzers getragen und zu einem Bild gebunden werden: das labile Gleichgewicht eines Karussells, der Schwung eines Rads um seine Nabe und der Drehmoment eines Kreisels um seine Achse. Für Momente mag das Bild mächtiger werden als seine Teile, die Regie liegt dann gewissermaßen jenseits des Paares von Tänzer und Getanztem, und beide können sich der Kraft solcher urtümlicher Bilder überlassen.

Eintauchen

Die Wasser symbolisieren die Ursubstanz, aus der alle Formen entspringen und in die sie zurückführen. Im Wasser löst sich alles auf. Jede „Form" wird desintegriert, jede „Geschichte" aufgehoben; nichts, was vor dem Eintauchen existierte, besteht nachher.

Mircea Eliade

Der Verlauf einer Behandlung

Klient und Therapeut begegnen sich zu Beginn einer Wassersitzung am Beckenrand. Sie stehen einander gegenüber, und der Therapeut umreißt das zu Erwartende in einigen Sätzen. Gibt es eine körperliche Einschränkung, die es bei der Arbeit zu beachten gilt? Jetzt ist es wichtig, dem Klienten zu erklären, daß es für ihn nichts zu tun gibt, außer vielleicht auf den Atemfluß zu achten und sich zu entspannen, und daß es keinesfalls nötig ist, bei den Bewegungen irgendwie zu helfen oder aktiv mitzutun. Natürlich bringt die Begegnung sehr viel Nähe mit sich. Wenn es dem Klienten zuviel wird, soll er das mitteilen und in die Behandlung einbringen. Beim WasserTanzen können alle möglichen Gefühle auftreten, von sanfter Geborgenheit über Wut bis hin zu sexueller Lust, und es besteht Gelegenheit, diese Emotionen aufkommen zu lassen und sie gleichzeitig gelassen zu beobachten.

Auch Ängste vor dem Wasser können zum Ausdruck kommen, und zwar gar nicht so selten. Wir haben sogar die Erfahrung gemacht, daß viele Wasserscheue in dieser Arbeit eine Möglichkeit erkennen, ihre Angst zu überwinden. Der Therapeut kann unter solchen Umständen zu einem Tänzchen vorab auffordern. Beide stellen sich breitbeinig gegenüber, fassen sich an den Händen und lassen sich mit dem Atem im Wasser aufsteigen und absinken. Aus dem Auf- und Ab des Atems entsteht ganz natürlich eine leichte Bewegung. Mit den Füßen fest auf dem Boden übernimmt der Therapeut die Führung und beginnt, den Klienten, der ihm folgt, sanft zu bewegen. Die Führung kann auf den Klienten übergehen, und schließlich mündet diese kleine Übung in einen gemeinsamen Tanz, der Vertrauen schafft.

Nach dieser kurzen Vorbereitung tritt der Therapeut auf die rechte Seite des Klienten und legt seinen linken Arm um dessen Nacken. Wenn er die Augen nicht schon geschlossen hat, wird der Klient nun aufgefordert, dies zu tun. Behutsam legt der Therapeut seine rechte Hand auf das Brustbein des Klienten und stimmt sich auf dessen Atemrhythmus ein. Um diesen Ablauf zusätzlich zu unterstützen, kann der Therapeut, das was er tut, auch mit Worten erklären.

Nun folgt der Übergang von der vertikalen Haltung in das horizontale Gehaltenwerden. In einem Halbkreis wird der Klient langsam seitlich von der Wand weggezogen. Die rechte Hand soll dabei möglichst lange auf dem Herzen des Klienten ruhen. Um ihn in die Horizontale zu bringen, kann man mit dem rechten Knie das Becken des Klienten heben und kurze Zeit halten, so daß die drei Bereiche Becken, Herz und Kopf, also Empfindungen, Gefühle und Gedanken einen Moment lang miteinander verbunden sind. Abschließend tauchen die Ohren unter Wasser. Damit ist die Horizontale erreicht, und die sinnliche Wahrnehmung der Außenwelt beschränkt sich auf die Berührungsempfindungen der Haut.

Bei den meisten Klienten ist es angebracht, in den ersten Sitzungen an der Wasseroberfläche zu arbeiten und etwas später erste Tauchversuche zu unternehmen. Hierzu bietet sich die Oberflächenarbeit des WasserTanzens an, ganz besonders aber auch Harold Dulls WaterShiatsu (WATSU). Ein bißchen Untertauchen, ohne daß es dabei gleich ums Ganze ginge, ermöglicht die Arbeit mit einem Schnorchel.

Mit dem Schnorchel arbeiten wir, um eine sichere Position zwischen den Elementen Luft und Wasser zu finden. Die Schnorchelarbeit bringt Luft ins Wasser und erlaubt das Unmögliche: unter Wasser zu atmen. Wir alle tragen mehr oder weniger bewußt die Angst in uns, im Wasser unterzugehen, von ihm verschlungen zu werden, zu ertrinken, zu ersticken und uns darin aufzulösen. Mit dem Schnorchel gelingt es nun, dieser ja durchaus begründeten und von der Evolution womöglich als natürliche Schranke vor einem Rückschritt eingebauten Angst ein Schnippchen zu schlagen und sie zu bannen. Egal wie lange wir unter Wasser sind, mit dem Schnorchel bekommen wir immer Luft, und wir können sogar mit verschiedenen Atemrhythmen experimentieren.

Überraschend viele Klienten haben Widerstände dagegen, einen Schnorchel in den Mund zu nehmen und unter Wasser damit zu atmen. „Zwischen meinem 16. und 18. Lebensjahr wurde mir regelmäßig schlecht mit starkem Brechreiz, wenn ich einen Schnorchel länger im Mund hatte“, berichtet Doris, eine Absolventin des WasserTanzen-Trainings. „Dies führte dazu, daß ich eine Tauchausbildung abbrechen mußte. Deshalb hatte ich große Angst vor der Schnorchelarbeit. Unter Wasser hatte ich das Gefühl, ausgelaugt zu sein und husten zu müssen. Ich gab diesem Reiz nach, hustete und schrie und fing an, um mich zu schlagen. Danach begann ich, das Atmen und Schweben im Wasser zu genießen, und zum Schluß stellte sich ein Gefühl von Freiheit und Glücklichsein ein.“

Es ist leichter, einen positiven Zugang zur Schnorchelarbeit zu finden, wenn man zunächst ohne Begleitung erste Erfahrungen damit sammeln kann. Dabei soll auch gelernt werden, wie der

Schnorchel mit explosivem Ausatmen von Wasser befreit wird. Auch allein finden wir mit dem Schnorchel zum „Uterusatem“. Mit einigem Geschick erfahren wir, daß wir bei sanftem Ein- und Ausatmen stets knapp unter der Wasseroberfläche bleiben und leicht auf- und absteigen. Damit der Schnorchel nie ganz untertaucht, müssen wir aufmerksam beobachten und lernen, wie wir mit dem Atem unser ganzes Körpergewicht anheben und sinken lassen können.

Sind diese Lernschritte einmal bewältigt, tritt der Therapeut hinzu und hält den Klienten mit der flachen Hand unter seinem Schwerpunkt, also in der Nähe des Bauchnabels. Der Klient wurde bereits vor Beginn der Wassersitzung mit verschiedenen Atemtechniken vertraut gemacht: Kreisatem, Hecheln, Betonung des Ein- oder Ausatems, das Atmen in verschiedene Körperbereiche hinein, das Atmen durch die innere Flöte, das heißt mit der Vorstellung, durch den Genitalbereich einzuatmen, die Luft über den Brustbereich bis hinauf in den Kopf zu ziehen und sie mit der Ausatmung über denselben Kanal wieder sinken zu lassen. „Atme effektiv, ohne in einen monotonen, stereotypen Rhythmus zu verfallen“, lautet unsere wichtigste Aufforderung.

In der ersten Phase der Schnorchelarbeit praktizieren wir eine sanfte Unterwassermassage an Händen, Füßen und Kopf als den wichtigen Terminalpunkten des Körpers und in der Körpermitte am Bauch. Wir massieren zunächst sanft und verstärken mit der Zeit den Druck.

In einer zweiten Phase kommt es über kräftiges, chaotisches Atmen, Schreien und aktive Körperbewegung zu einer Energieaufladung, die in eine Karthasis münden kann, die sich recht häufig durch lustvolles Schlagen, Schreien, Bewegen und Toben oder als Entladung von Emotionen zeigt. Hier gibt der Klient Impulsen nach und befreit sich aus Lust an der Bewegung. Der Therapeut hat die Aufgabe, dem zu folgen und den Klienten zu schützen, indem er den Schnorchel mit seiner freien Hand vor Wassereintritt schützt und den Klienten davor bewahrt, an den Beckenrand zu schlagen.

Die dritte Phase führt weg vom Ausagieren. Jetzt kommt es darauf an, Bewegungsimpulse allein über den Atem wahrzunehmen, ohne sie auszuagieren. Gefühle und Empfindungen sollen wahrgenommen werden, die Aufmerksamkeit bleibt aber stets beim Atem oder kehrt zu ihm zurück. Auf diese Weise lernt der Klient,

Widerstände aber auch emotionale Fallen durch die Atmung zu durchbrechen oder sie zu schmelzen und zu transformieren. Durch die effektive Atmung kommt es zu einer Aufladung bei gleichzeitiger Entspannung. Das ist die ideale körperliche Verfassung, um eine Bewußtseinserweiterung zu erfahren.

„Ich gehe in die Bewegungslosigkeit, Atem, Töne und Stille", beschreibt Hella, Teilnehmerin eines Trainings, diese Erfahrung. „Mit den Tönen breitet sich mein Energiekörper im ganzen Wasserbecken aus. Ich bin Atem und Ton. Jetzt fängt mein Becken an zu vibrieren, und dieses Vibrieren breitet sich im ganzen Körper aus, läuft wellenförmig durch meine Wirbelsäule. Es fühlt sich wunderbar an, mich so sanft durchströmen und vibrieren zu lassen. Es ist so schön, daß es mir schwerfällt, einfach drin zu bleiben, ohne traurig zu werden. Aber auch die Traurigkeit ist willkommen, und ich schaue mir die Gefühle an, die aufkommen, während ich im warmen Wasser gehalten liege, von Energie durchströmt."

Nach 90 bis 120 Minuten Atmen unter Wasser bringen wir den Klienten aus der Bauchlage wieder zurück in die Rückenlage. Das sollte behutsam und langsam geschehen, ohne daß der Schnorchel ins Wasser taucht. Zur Vorbereitung des Auftauchens und um das Bewußtsein wieder zurück in den Körper zu führen, ist es nun angebracht, den Klienten kurz rhythmisch zu massieren.

Was hier mit dem Klienten geschieht, ist dem Übergang vom Embryo zum Neugeborenen vergleichbar. Der Schnorchel, der in diesem Zusammenhang als Nabelschnur verstanden werden kann, fällt weg, und der Klient, dessen verletzliche Seite nun dem Therapeuten zugewandt ist, atmet wieder direkt durch Nase und Mund. Einige Klienten haben das Bedürfnis, mit weit offenen Armen und Beinen gehalten zu werden. Anderen wiederum ist es ein Bedürfnis, sich in Babyhaltung an den Therapeuten kuscheln zu können und die Erfahrung so ausklingen zu lassen.

Das Eintauchen ist der wichtigste Teil des WasserTanzens und wird am Anfang erklärt. Der Klient setzt sich die Nasenklemme probeweise selbst auf, taucht mit dem Gesicht unter Wasser und versichert sich, daß kein Wasser durch die Nase eindringen kann. Kleine Unterwasserspiele helfen, mit verschiedenen Atemweisen zu experimentieren und herauszufinden, welche für diesen Klienten am geeignetsten ist: Kumbhaka (Atemstop) bei voller oder leerer Lunge oder als dritte Möglichkeit die Entleerung der vollen Lunge unter Wasser. Oft macht der Klient hierbei die erstaunliche Erfahrung, daß er den Atem wesentlich länger anhalten kann als angenommen. Dies ist der Zeitpunkt, um den Klienten zu bitten, mit halbgefüllter Lunge unterzutauchen. Dadurch verringert sich der Druck innerhalb und außerhalb der Lungen und der Oberkörper bleibt biegsam.

Verbunden mit der Atmung ist der Effekt des Auftriebes. Beim Einatmen ist der Auftrieb größer als beim Ausatmen. Für den Grad des Auftriebs spielt zudem ein geschlechtsspezifischer Faktor eine Rolle: Frauen werden in der Regel zu den sogenannten „Floatern", Männer zu den „Sinkern" gerechnet. Frauen weisen etwa 10 Prozent mehr Fettgewebe auf, dessen spezifisches Gewicht leichter ist als Wasser, während Männer mehr Muskelgewebe haben, dessen spezifisches Gewicht schwerer als Wasser ist. Deswegen gilt die Faustregel, daß Frauen eher weniger Luft in den Lungen halten sollten als Männer.

Ein weiterer wichtiger Punkt ist das Erklären eines taktilen Signales. Dem Klienten wird am Ende der Ausatemphase, wenn genügend Zeit zum neuerlichen Luftholen besteht, ein deutliches Signal durch zweimaliges Antippen mit den Fingern gegeben. Anfangs dient das Signal dem bewußten Einstimmen auf den Atemstop. Mit der Zeit werden Signal und Einatem automatisch miteinander verbunden (Konditionierung).

Nach dem einleitenden Gespräch wird der Klient mindestens eine Viertelstunde lang an der Oberfläche bewegt, um ihm genügend Zeit zur Entspannung und Vertiefung der Atmung zu geben. Die Klemme wird schon eine Weile vor dem Eintauchen aufgesetzt, um den Klienten rechtzeitig an die Mundatmung zu gewöhnen und den Tauchreflex einzuleiten. Sie verhindert zuverlässig, daß Wasser in die Nase dringt, und leistet somit, was beim Säugling bis zu vier Monaten von allein geschieht: Wenn ein Kleinkind bäuchlings mit dem Kopf unter Wasser gerät, verschließen sich reflexartig Nasen- und Rachenraum. Ausgelöst durch Nervenenden des Trigeminus schwellen Blutgefäße in Nase und Hals an, was bewirkt, daß sich die Atemwege verschließen und die kleinen bronchialen Verästelungen der Lunge zusammenziehen. Beim Erwachsenen findet diese Reaktion in abgeschwächter Form zwar auch noch statt, doch schützt sie nicht mehr zuverlässig vor eindringendem Wasser.

Das Eintauchen wird vorerst nur angedeutet, indem Kopf, Nacken und Körper des Klienten mit einer Drehung Richtung Kopf (Ausatemphase) gegen die Wasseroberfläche gekehrt werden. Bei diesem Vorgang steigt das Wasser sehr langsam vom Ohr, über die Wange zum Mundwinkel und beim Drehen Richtung Füße (Einatemphase) wieder zurück. Diese deutliche und klare Bewegung, koordiniert mit dem Atemrhythmus des Klienten, schafft die für das Eintauchen nötige Vertrauensbasis. Ist das Signal einmal gesetzt, taucht der Wassertänzer den Klienten ohne Zögern ein und übernimmt damit die Verantwortung, das heißt, er läßt sich auch nicht durch eventuelle Unsicherheiten seitens des Klienten aus seinem Zentrum bringen. Andererseits muß er jederzeit bereit sein, auf Unvorhergesehenes wie z.B. Panik souverän reagieren zu können, indem er den Klienten sicher und schnell an die Wasseroberfläche zurückbringt. Hierzu dient auch die erste Halteposition, in der sich der Klient zu diesem Zeitpunkt immer noch befindet: Nacken- und Kniekehlengriff, Arm des Klienten hinter dem Rücken des Therapeuten.

Ein besonderes Augenmerk sollte auf die „Grauzone" gelegt werden, die Zone, wo der Mund des Klienten sehr nah an die Wasseroberfläche kommt, aber noch nicht eintaucht. Wer hier als Therapeut zögert und auf die schon gesetzten Signale dann doch nicht mit Eintauchen reagiert, verunsichert den Klienten und verliert dessen Vertrauen.

Bei sehr starken Ängsten, die z.B. auf Ertrinkungs- oder Erstickungstraumen basieren, kann der Tänzer dem Klienten vorschlagen, in seinen Armen liegend selbst den Kopf in Richtung Wasser zu drehen, wann immer er zum Untertauchen bereit ist. Ebenso kann er das Auftauchen durch ein Zeichen selbst bestimmen (etwa durch Drehung des Kopfes Richtung Wasseroberfläche, Luftblasen ablassen o.ä.) oder sich selbst aktiv nach oben bringen. Erwähnenswert sind hier auch die Klienten, die ein sehr langes Atemverhalten haben und dem Tänzer signalisieren, daß sie noch viel länger unter Wasser bleiben wollen. Ihnen bietet der Tänzer das Auftauchen zwar an, erzwingt es aber nicht. Er bringt den Klienten bis dicht an die Wasseroberfläche und überläßt ihm das Auftauchen.

Ist die Unterwassersequenz beendet, wird der Klient mit einer Bewegung Richtung Füße nach oben gebracht. Hierbei beachtet der geübte Wassertänzer, daß der Körper des Klienten nicht wie eine hochspringende Boje nach oben schießt, sondern in einem möglichst flachen Winkel langsam durch die Wasseroberfläche schneidet, geschmeidig und elegant wie ein Wal, der zum Atmen an die Wasserobfläche kommt.

Die weitere Arbeit über und unter Wasser führt nun allmählich weg von der bewußt gesteuerten Atmung des Klienten, der sich anfänglich meist sehr stark auf seinen Atem konzentriert und sehr darauf bedacht ist, auch ja genügend Luft zu bekommen, hin zu einem freien, vertrauensvollen Atemfluß. Wenn das Gesicht mit Wasser benetzt wird, kommt es ganz automatisch zu einem Anhalten des Atems. Trifft die kühlere Luft auf das Gesicht, wird der Einatemreflex stimuliert.

Genauso fließend vollzieht sich der Wechsel von einem Element ins andere. Die Unterschiede zwischen Wasser und Luft verwischen sich im Denken, und die Intelligenz des Körpers übernimmt die Steuerung des Atems.

Zum letzten Drittel der Behandlung gehört eine Massage der Hände und Füße, des Kopfes und der Mitte des Bauches. Dieser „Stern" dient der Bewußtmachung der Energieverteilung zwischen innen und außen, oben und unten, rechts und links, vorn und hinten. Das Körperschema wird hier angesprochen, eine vielleicht sehr starke energetische Ausdehnung wird wieder zurückgebracht auf die eigentliche Grenze, die Haut. Häufig wird dies als ein Strömen, Fließen und Schmelzen innerhalb der eigenen Körpergrenzen wahrgenommen.

Bei der Meerjungfrau pendelt der Klient zwischen der Waagrechten und der Senkrechten und wird so langsam in die aufrechte Stellung zurückgeführt. Währenddessen nähert sich der Therapeut dem Beckenrand, wo er sich an die Seite des Klienten stellt und diesen sanft mit dem Rücken zur Wand bringt. Jetzt gilt es, langsam auf den Boden und zurück in die Welt zu kommen. Mit leichtem Druck auf die Knie wird erst das Außen- und dann das Innenbein abgestellt. Der Therapeut hält den Klienten immer noch mit dem linken Arm um den Nacken und legt die nun freigewordene Rechte auf dessen Herz. Damit schließt sich der Kreis zum Beginn der Behandlung.

Nach einem Augenblick des Innehaltens und Spürens, löst der Therapeut seinen Arm vom Nacken des Klienten und hält dessen Kopf in beiden Händen. Das Schweben im Wasser hat es möglich gemacht, den Kopf vollständig loszulassen. Das kann für einige

Klienten bedeuten, daß sie nun tatsächlich keine Kontrolle mehr über die Haltemuskulatur ihres Kopfes haben. Der Therapeut hilft dem Klienten mit seinen stützenden Händen solange, bis dieser ein neues, besseres Gleichgewicht zwischen Loslassen und Halten für seinen Kopf gefunden hat. Nun stehen die Füße fest auf dem Boden, das Becken ist zentriert, das Herz geweckt, und der Kopf steht locker darüber – wie aufeinander balancierte Bälle sind diese drei Zentren des Körpers nun harmonisch ausgerichtet.

Was für eine Herausforderung, dieses Gleichgewicht an Land zu bringen und durch die verstärkt wirkende Schwerkraft hindurch zu bewahren! Wenn bis dahin die Aufforderung an den Klienten lautete, vertrauensvoll loszulassen und sich im Wasser ohne eigene Kontrolle bewegen zu lassen, so heißt es nun, eigene Schritte zu unternehmen und zu einer neuen Erdung zu finden. Angstrebt wird eine Haltung der Mitte zwischen starrer Ausübung von Kontrolle und hilflosem Sich-Gehenlassen. Nach der Behandlung ist das Feld offen, um ein neues Körperschema zu schaffen, um mit dem geringsten muskulären Aufwand ein Optimum an Beweglichkeit und Haltung zu erlangen.

Wenn die Hände des Therapeuten den Kopf des Klienten loslassen, können sie den Herzmeridian hinab über Nacken, Schultern und Arme bis zu den kleinen Fingern gleiten. Der Klient steht nun auf eigenen Füßen für sich allein. Die Augen hat er noch geschlossen. Der Therapeut stellt sich vor ihn, leicht abseits der Blickrichtung, und vollzieht die soeben durchgeführte Trennung nach. Dies kann mit der Vorstellung geschehen, daß er seine Energien zurücknimmt, und vielleicht sogar mit einer entsprechenden Geste.

Jetzt schlägt der Klient die Augen auf und hat die Wahl, Augenkontakt zum Therapeuten aufzunehmen oder seinen Blick umherschweifen zu lassen. Viel hat sich zwischen dem letzten Augenkontakt vor und dem ersten nach der Behandlung verändert, manches teilt sich nun ganz zwanglos mit. Der Klient hat sich vielleicht in einer Weise gezeigt, die ihm selbst nicht vertraut war. Fragt er mit seinem Blick um Erlaubnis, oder sucht er gar Bestätigung? Beides soll willkommen sein und von keiner Wertung getrübt werden.

„Hallo, wie geht's?“ Es braucht keine ausführliche Antwort, keine langen Beschreibungen. Mit knappen eindeutigen Zeichen stellt der Therapeut einen Rahmen für eine liebevolle, neutrale Begegnung bereit. Die Initiative zu einer Umarmung soll keinesfalls vom Therapeuten ausgehen; wenn der Klient den ersten Schritt tut, soll er sehr bewußt und vorsichtig darauf eingehen. Agiert hier ein Erwachsener aus Dankbarkeit? Oder geht es vielmehr um eine Flucht vor der Verantwortung für eigene Gefühle, Empfindungen und Phantasien? Trifft letzteres zu, ist es angebracht, den Klienten auf sich selbst zurückzuverweisen. Wie fühlt sich das an? Ist es auszuhalten, in diesem neuen Körpergefühl mit sich allein zu sein?

Wir meinen ja, denn der durch WasserTanzen erreichte Zustand des Bewußtseins ist nah verwandt mit dem durch Meditation erreichten. Bis zu sechs Stunden nach dem WasserTanzen soll das Bewußtsein des Klienten noch in einem meditativen Zustand, also offen für neue Gedankeninhalte sein, besagen Beobachtungen des Zürcher Medialtherapeuten Manuel Schoch. Sorgsamer Umgang mit sich selbst ist demnach das angemessene Verhalten, um eine Behandlung gut ausklingen zu lassen.

Wie erlebt der Klient die Welt unter Wasser?

Die Aufmerksamkeit der Sinne verschiebt sich vom Sehen und Hören hin zur Wahrnehmung von Bewegung und Berührung. Warme Ströme streicheln die Haut, in alle Richtungen schwebt der Körper in schwereloser Dreidimensionalität. Stimuliert wie schon lange nicht mehr wird der Gleichgewichtssinn unter Wasser – eine Erfahrung, an die Erwachsene am ehesten noch auf Skiern, Snowboards, beim Windsurfen, Wellenreiten und ähnlichem herankommen. Im Wasser ist darüber hinaus die Schwerkraft beinahe aufgehoben, der geringste Kraftaufwand bewirkt eine schwebende Bewegung, vergleichbar nur mit der Bewegungsfreiheit von Astronauten im All. Durch die völlige Entspannung der Muskeln verliert der Muskel- und Sehnensinn seine Bedeutung, und der entwicklungsgeschichtlich ältere Tast- und Berührungssinn übernimmt seine Funktion.

Aber auch Hören und Sehen vergehen einem unter Wasser nicht, die Wahrnehmungen von Augen und Ohren verschieben sich lediglich auf bisher unbekannte Reize. Das Wasser des Beckens hört man rauschen und glucksen, Gelenke knacken, das Singen und Summen des Tänzers, seinen Herzschlag und den eigenen Puls. Obwohl die Augen verschlossen sind, kommt es durch die Lider zu visuellen Eindrücken von Licht und Schatten, aber auch Farben und Mustern. Der geschickte Wassertänzer weiß die Effekte des einfallenden Lichts in seine Arbeit einzubeziehen, indem er Bewegungsabläufe in relativer Dunkelheit mit Abläufen in lichtdurchfluteten Bereichen des Wassers kombiniert.

Der Mensch wird unter Wasser zum Psychonauten. Die therapeutischen Tauchgänge des WasserTanzens begünstigen eine ganze Reihe neuer Erfahrungen. Auf der Ebene des Körpers beruhigt sich der Herzschlag zusammen mit der Atmung, die sich zugleich vertieft. Die Wassertemperatur bewirkt eine Erweiterung der Blutgefäße und eine Entspannung der Muskeln. Diese Veränderung zeigt sich als ein allgemeines Strömen und In-Fluß-Kommen der Lebensenergie. Muskuläre Spannungen lösen sich im Wasser. Von Mal zu Mal wächst die Entspannung, was sich in aller Regel in einer Verminderung des Muskeltonus niederschlägt. Die Energie beginnt, frei zu fließen, frei von Blockaden, die allein schon dadurch entstehen, daß sich der Mensch aufrecht hält und bewegt.

Wilhelm Reich, der Begründer der körperorientierten Psychotherapie, entwickelte die Theorien über den Charakterpanzer, die sieben Körpersegmente und den Orgasmusreflex: Die Segmente des Körper pulsieren im freien Fluß der Körperenergie zu- und auseinander. Die Spaltung zwischen Denken, Fühlen und Körperempfinden ist aufgehoben. Nach außen hin zeigt sich der Orgasmusreflex entweder in heftigen Wellenbewegungen durch den ganzen Körper oder in feinstem Vibrieren und Zittern im bereits entspannten Körper. Trotz seiner sexuellen Konnotation bedeutet der Orgasmusreflex nicht unbedingt, daß der Körper dabei sexuell erregt ist. Vielmehr geht es um eine äußerste Steigerung der Lebensenergie, die sich in den beschriebenen Phänomenen durch den Körper Bahn schafft.

Bei weitem nicht immer erlebt der Behandelte den Übergang in andere Bewußtseinszustände und zum Orgasmusreflex angstfrei. Statt zum freien Fließen von Lebensenergie und Bewußtseinsstrom kommt es dann zu einer Gegenpulsation. Viele Bewegungen des WasserTanzens bereiten auf die Wellenbewegung des Orgasmusreflexes vor. In einem entspannten Körper kommt es zum freien Strömen. Ein verspannter Körper reagiert auf solche Angebote zum Strömen oft mit einer Gegenpulsation.

Zuerst meldet sich meist der Kopf und schaltet auf Abwehr, bevor das Denken der Kontrolle verlustig geht. Eine Denkfalte, zusätzliche Spannung in den Muskeln und ein verändertes, kontrolliertes Atemmuster lassen auf eine Abwehr schließen. Aus Angst, die Kontrolle zu verlieren, atmet der Klient vor dem Eintauchen noch einmal kräftig ein. Das zeigt, daß der Kopf die Kontrolle auch unter Wasser nicht aufgeben will.

Auch wenig bekannte Emotionen, die während der Behandlung auftauchen, machen angst. Emotionen steigen aus dem Becken auf und suchen sich ihren Weg ins Herz- und Kopfzentrum. Sehr oft ist der Weg dorthin aber blockiert, und es kommt zu einem emotionalen Stau mit Gegenpulsation im Solarplexus. Das können heftige Kontraktionen des Bauchmuskels sein, verbunden mit Übelkeit und Druck in der Magengegend bis hin zum Erbrechen. Verkrampfungen im Bauch zeigen sich automatisch auch in Nacken und Kehle, wo es zu einer Über- oder Unterspannung kommt. Beides läßt auf eine Blockierung schließen. Wer den Kopf nicht abgeben will, hält den Nacken steif, wer sich bedingungslos übergibt, läßt seinen Kopf hängen, und zwar ohne jede Spannung im Nacken.

Der Energiekörper dehnt sich im Wasser aus, und es entsteht Platz für vorbewußte und unbewußte Inhalte der Seele. Vergessenes und Verdrängtes tritt ins Bewußtsein und verlangt nach Beachtung. Die einfühlsame Begleitung des Wassertänzers ermöglicht die Entfaltung sämtlicher Gefühle in einem Rahmen, in dem Nähe gefühlt und zugelassen und Abgrenzung gleichzeitig erlaubt und erfahren wird, ohne daß es zu weiterer Verletzung, Bestrafung oder gar Trennung kommt.

Das Gehaltenwerden im warmen Wasser, das Vertrauen und die körperliche Nähe sind in jeder Weise geeignet, an Erfahrungen der frühen Kindheit zu rühren. Viele Menschen, die als Erwachsene nie mehr so gehalten wurden wie ein Kind, sind auf der Suche nach dem verlorenen Glück von Intimität und Einssein mit anderen. Beim WasserTanzen kommt es daher immer wieder zu Regressionen in embryonale, fötale, prä- und postnatale Stadien mit dem Bedüfnis nach aktivem Körperkontakt und zu einfachen Säuglingsbewegungen.

Neben aller Entspannung und allem Loslassen geht es beim WasserTanzen auch um einen bewußten Umgang mit Nähe. Hier stellt sich die Frage, wieviel Nähe überhaupt bewußt zugelassen werden kann, ohne sie zu interpretieren oder mit Sex zu verwechseln. Bewußt erlebte Nähe schließt immer auch die Möglichkeit der Abgrenzung ein, ohne dafür bestraft zu werden.

Einige haben als Kind nicht genug körperliche Nähe bekommen, andere sind damit überschwemmt und vereinnahmt worden. Im Verlaufe mehrerer Behandlungen treten die Verhaltensmuster im Umgang mit Nähe hervor und können allmählich gelockert werden. Der geschickte Wassertänzer weiß die Zeichen, die ihm gegeben werden, zu erkennen und richtig zu deuten. Klienten, deren Grenzen in der Kindheit nicht respektiert wurden, sollen erfahren, daß sie sich abgrenzen dürfen ohne Strafe oder Zurückweisung mit Liebesentzug befürchten zu müssen. Zukurzgekommene sollen erfahren, daß sie zwar nehmen dürfen, daß sie sich nähren und heilen können, daß ihnen jedoch die Nahrung, die sie eigentlich brauchen, auf anderem Wege zukommen wird.

Durch die Nähe und Intimtät der Bewegungen im Wasser entstehen schneller tiefere Bande zwischen Wassertänzer und Klient als etwa bei einer Körpertherapie an Land. Der Wassertänzer bietet dem Klienten immer wieder Möglichkeiten zur Begegnung an. Er versucht, dabei im eigenen Zentrum zu bleiben und sein Herz für den anderen zu öffnen. Diese Kunst des „passiven Umhüllens" (Julie Henderson) entspricht dem Bild des positiven Vaters, der positiven Mutter. Im Gegensatz zum meist erfahrenen elterlichen Verhalten von Vereinnahmung, Ablehnung oder Indifferenz kommen hier Einfühlung, Wertschätzung und Akzeptanz zum Ausdruck.

Um diese positive Einstellung zu entwickeln, sucht der Wassertänzer eine Qualität, die er an seinem Klienten mag; so fällt es ihm leicht, für diesen Menschen offen zu sein. Eine besonders wirksame Methode ist die taoistische Technik des inneren Lächelns: Wir bringen ein sinnliches, sonniges Lächeln auf unsere Lippen, wenden es nach innen dem eigenen Herzen zu und stellen uns dabei vor, daß die Kraft des Herzens sich als Licht in uns ausbreitet, daß sie aus uns verströmt und daß sie durch jede Pore in unseren Energiekörper fließt und ihn größer werden läßt. Natürlich schließt diese Ausdehnung den Klienten und dessen Energiefeld mit ein. Das geschieht bereits durch die gemeinsame Bewegung und Atmung und um so mehr durch eine bewußte Lenkung dieser Energiephänomene.

Daniel Casriel spricht in diesem Zusammenhang über die Bedeutung eines biologisch verankerten Grundbedürfnisses des Menschen, das er Bonding nennt: „das Bedürfnis des Menschen nach emotionaler Offenheit und körperlicher Nähe". Da wir davon schon als Kinder zuwenig bekommen haben und diesem Bedürfnis als Erwachsene kaum mehr Rechnung tragen, bietet sich WasserTanzen als idealer Weg zu einem Rebonding an. Ein menschliches Grundbedürfnis wird genährt und gestillt, ohne daß wir uns eigens darum zu kümmern brauchen. Durch das Halten, die Nähe und die Art der Bewegungen geschieht Rebonding von allein und braucht nicht eigens angestrebt zu werden.

Analog zur Entwicklung des Menschen vom Fötus zum Kind, von der Symbiose zur allmählichen Lösung, von der äußeren zur inneren Unterstützung, beginnen wir die Behandlung beim WasserTanzen mit Gehaltenwerden in unmittelbarer köperlicher Nähe und beschließen sie mit weiträumigen, offenen Bewegungen. Die Grundstellung mit dem Nacken des Klienten in der Ellbeuge und seinem Kreuzbein auf der flachen Hand zeichnet sich aus durch die Berührung von Kopf, Herz und Becken. Herz schlägt neben Herz. Auch in der ersten Phase des Untertauchens bleibt diese Verbindung bestehen und hilft beim Aufbau einer Vertrauensbasis. Wie ein immer selbständiger werdendes Kind, das sich ganz allmählich traut, eigene Schritte zu tun, wird der Klient an Nacken und Becken gehalten, während er durch weiträumigere Bewegungen unter Wasser geführt wird. Schließlich kommt es zu den Bewegungsfiguren, die über Kopf, Hand und Fuß als einzige Haltepunkte ausgeführt werden: Arm- und Beinaikido, Kopf- und Beinschlange.

Im Prinzip ist WasserTanzen immer ein Spiel zwischen einem aktiven Partner, der gibt, und einem passiven Partner, der sich bewegen läßt. So soll es sein, und zumindest am Anfang sind die Rollen festgelegt. Mit der Zeit kann es aber auch zu einer Lockerung kommen. Vielleicht beginnt der Klient, sich spontan zu bewegen, und der Wassertänzer beschränkt sich darauf, Impulse beizusteuern und zu begleiten. Damit schließt sich der Kreis zwischen Aktiv und Passiv, und es entsteht, was der Name WasserTanzen eigentlich verheißt: ein stetes Wechselspiel zwischen Geben und Nehmen, Führen und Geführtwerden – ein Tanz zu zweit.

Je tiefer die Entspannung reicht, desto wahrscheinlicher erfährt der Klient veränderte Bewußtseinszustände. In warmem Wasser zu schweben und gehalten zu werden, ist dem Menschen aus dem Mutterleib wesenhaft vertraut. Auf dieser Stufe des Bewußtseins ist das Ich noch nicht konstelliert. Gefühle des Aufgehobenseins, des Einsseins mit der Mutter, der ganzen Welt und dem Kosmos bilden den Kern der Identität. Sigmund Freud sprach in diesem Zusammenhang vom „ozeanischen Gefühl", und Stanislav Grof spricht vom „heilenden, transformativen und evolutionären Potential außergewöhnlicher Bewußtseinszustände" und merkt an, daß „die menschliche Psyche in solchen Zuständen spontane Heilungsaktivität zu zeigen scheint."

Der Fall Susanne

WasserTanzen bringt nicht nur die Herausforderung des anderen Elements mit sich, sondern auch die der Nähe. Wer sich einem anderen in die Arme legt, um von ihm im Wasser gehalten zu werden, muß ein Minimum an Vertrauen aufbringen. Im Gespräch vor der Behandlung wird der Rahmen abgesteckt, in dem die Begegnung stattfindet. Dabei ist es wichtig, einen bestimmten Zeitrahmen zu verabreden und zu vereinbaren, daß der Klient aufkommende Gefühle ausdrückt und Grenzen dort zieht, wo es ihm nötig scheint.

Ein solches Gespräch findet zwischen zwei Erwachsenen statt. Der Schritt ins Wasser führt aber häufig zu einer Regression, und da ereignen sich die Dinge auf einer neuen Ebene. Beim Klienten tritt jetzt die Gefühlswelt in den Vordergrund mit neuen Empfindungen im Körper und reflexartigen Bewegungen, der Fluß seines Atems entzieht sich der bewußten Kontrolle. Der Wassertänzer sollte mit diesen Phänomenen vertraut sein und sicher damit umgehen können.

„Ab ins Wasser, raus aus dem Alltagsbewußtsein, raus aus dem Körper", lautet oft die unbewußte Devise von Klienten, die vom WasserTanzen hell begeistert sind und nicht genug davon bekommen können. Sie sind „dankbare Kunden", doch in ihrer Begeisterung schwingt die Gefahr, daß sie das Ganze als Betäubung und zur Flucht benutzen und anschließend größte Mühe haben, wieder gut aufs Trockene zu kommen.

Susanne war eine auffällig schlanke Frau, dreißig Jahre alt, die zur Einzelbehandlung zu mir kam. Sie hatte von einer Freundin von WasserTanzen gehört und sich beim Anschauen des Videos sofort entschlossen, es selbst auszuprobieren. Im Wasser fiel mir auf, wie geschmeidig sie war. Ich mochte es, daß sich die Bewegungen mit ihr so leicht ausführen ließen, und auch beim Untertauchen hatte sie keine Probleme. Ihr Gesicht wirkte entspannt, doch mit der Zeit fiel mir auf, wie abwesend sie war. In meinen Armen lag eine leere, leblose Hülle – „niemand war dort zu Hause“. Als ich sie nach der Behandlung darauf ansprach, erzählte sie, sie habe das Licht gesehen und sich der schönsten Gefühle erfreut und darüber ihren Körper nicht mehr wahrgenommen. „Es war wunderbar“, schwärmte sie und wollte unbedingt wiederkommen.

Bei den nächsten Behandlungen achtete ich mehr darauf, sie in ihrem Körper zu halten. Wenn sie abzudriften drohte, massierte ich ihr kräftig Arme und Beine, sprach sie an und holte sie auch über Worte in die Gegenwart zurück. Dies wollte ihr nicht so recht gefallen, denn der andere Bereich, in den sie immer wieder entschwebte, zog sie sehr viel mehr an. „Kommt dir das bekannt vor, daß du in einer Situation körperlicher Nähe mit dem Geist davonschwebst?“ fragte ich sie. Sie pflichtete mir bei und erzählte, daß sie sehr gerne meditiere und sich dabei ganz aus ihrem Körper herausbewege.

Durch unangenehme physische Symptome und Träume wurde sie im Verlauf unserer gemeinsamen Arbeit gezwungen, sich vermehrt auf ihren Körper einzulassen. Mit einem Mal wurde ihr während der Behandlungen schlecht, und nachts träumte sie von Verfolgern. All das verdichtete sich zu einem dumpfen, unbestimmten Gefühl, über das wir nach der Behandlung sprachen. Im Wasser unternahmen wir alles, um gemeinsam herauszufinden, wieviel Nähe sie mit gutem Gefühl zulassen konnte und wo sie sich abzugrenzen hatte. Nun bekam sie auch „Ecken und Kanten“. Es kam verschiedentlich zu Unterbrechungen, und bestimmte Figuren, die sie als zu bedrohlich empfand, konnten wir nicht mehr ausführen. Wir fanden zu einer ihr gemäßeren Form des WasserTanzens.

Gewöhnlich führt WasserTanzen zu einer umfassenden Entspannung und zum Aufweichen des im Körper gespeicherten Charakterpanzers. Mit Susanne mußte ich den umgekehrten Weg gehen. Von der Verflüssigung gelangten wir über eine Reihe von Behandlungen zu einem bewußten Umgang mit Nähe und Distanz und damit zu einer notwendigen Ausgrenzung ihr eigentlich unliebsamer Nähe. Dem Therapeuten mit offenen Augen ins Gesicht zu sehen und ihn unmißverständlich aufzufordern, auf Distanz zu gehen, das war es, was Susanne unbedingt lernen mußte. Zunächst kamen sehr zarte Versuche, ein Nein überhaupt nur hervorzubringen, oft verbunden mit anschließendem Rückzug und Erschrecken über die eigene Festigkeit. Mit der Zeit und meiner ausdrücklichen Ermunterung drückte sie ihr Nein stärker aus und lernte, es zu differenzieren. Dadurch kam ihr beim WasserTanzen auch ein aktiver Part zu, und sie vermied es, in die ihr nur allzu vertraute Rolle des Opfers zu fallen.

Über Träume begann sich Susanne vorerst nur andeutungsweise und sehr dunkel, später zunehmend deutlicher, an Szenen aus ihrer Kindheit zu erinnern. Sie erzählte mir von ihrem Vater, der sich ihr wiederholt und über lange Zeit sexuell genähert und sie von hinten zum Geschlechtsverkehr gezwungen hatte. Sie war verzweifelt und fühlte sich von diesen schweren Erinnerungen überfordert. Sie pendelte zwischen dem kleinen, mißbrauchten Mädchen, das sie damals war, und einer gekränkten, tief verletzten Frau. Daß sie damals nicht nur Ekel und Abscheu empfunden hatte, sondern auch Lust, machte alles nur noch komplizierter. Lust war bei ihr untrennbar mit dem Gefühl verbunden, von einem anderen mißbraucht zu werden. Mit ihrem Partner war es ihr nicht möglich, eine sexuell befriedigende Beziehung zu leben.

Mit neuen Augen sah ich nun ihre Sucht, beim WasserTanzen den Körper zu verlassen, ihn bewußt nicht mehr wahrzunehmen und den Kontakt zum Gegenüber abzubrechen. Ich achtete noch genauer auf Anzeichen, die mir verrieten, daß sie ihren Körper verließ. Dann versuchte ich sofort, den Kontakt wiederherzustellen, indem ich sie über Wasser direkt ansprach, Augenkontakt zu ihr suchte, sie massierte und sie aufforderte, das Ein- und Austreten aus dem Körper selbst wahrzunehmen und zu beobachten. Wenn ich ihr zu nah war oder sie eine Bewegung als zu intim empfand, versuchte sie mir das nun aktiv zu vermitteln und mit dem bewußten Setzen von Grenzen darauf zu reagieren.

Was Untertauchen für die Seele des Menschen bedeutet, wie sehr wir davor zurückschrecken und uns dennoch davon angezogen fühlen, beschreibt der Philosoph Peter Sloterdijk in seinem Essay *Weltfremdheit*: „Aus verständlichen Gründen empfinden viele Menschen bei der bloßen Vorstellung eines solchen Zustands heftige Aversionen, wenn sie nicht geradezu in Panik geraten. Für sie ist die Vorstellung 'Tauchen' vor allem Nachdenken mit der Drohung assoziiert, zu ertrinken oder zu ersticken. Andere wiederum empfinden, wie von diesen Vorstellungen ein wollüstiger Sog ausgeht, dem sie sich allzugern überantworten. Von einem Tauchlehrer wäre angesichts dessen zu sagen, daß er sein Metier nicht eher beherrscht, als bis er sich darauf versteht, die Versenkung an den panischen wie an den soghaften Tendenzen vorbeizusteuern... Löslichkeit meint reines, von Sucht und Flucht gleich weit entferntes Sichumgebenlassenkönnen."

Ohne große Nähe und direkte Berührung ist WasserTanzen undenkbar. Mit geschlossenen Augen liegt der Klient dem Wassertänzer in den Armen und wird von ihm gewiegt wie ein kleines Kind. Das Gesicht entspannt sich und findet zurück zu ursprünglicher Schönheit, der Körper läßt sich zu ästhetischen Figuren und Schwüngen formen - alle Zeichen deuten auf den Tanz zweier Liebender in vollendeter Übereinstimmung. Ein Liebesakt in körperwarmem Wasser, welche Vorstellung läge näher? Doch zwischen den Partnern beim WasserTanzen gibt es eine feine und klar definierte Grenze. Bei der ersten Begegnung wird das Spektrum der möglichen Reaktionen erklärt. Auftreten können verschiedene, bekannte und unbekannte Empfindungen, Bewegungen und Gefühle. Es gilt, all das so frei wie möglich zu erfahren, nicht zu kontrollieren und sich dem zu überlassen: sämtliche Gefühle von Verlegenheit, Unsicherheit und Trauer über Angst, Scham, Wut und Ekel zu Freude, Ekstase, Lust und sexueller Erregung. Auch sexuelle Erregung und Lust haben hier einen Platz, und deshalb muß der Wassertänzer darauf hinweisen, daß er während und auch nach Abschluß der Therapie keine sexuellen Kontakte zu diesem Klienten aufnehmen wird.

Wie beim Sex kommt es beim WasserTanzen zu einem Gleichklang der Körper und einer energetischen Vereinigung bis hin zu den wellenförmigen Bewegungen und Vibrationen des Orgasmusreflexes. Was man sieht und hört, könnte leicht als sexueller Ausdruck mißverstanden werden. Hier ist es sehr wichtig zu verstehen, daß es reine Lebensenergie ist, die den Körper ins Pulsieren und Vibrieren bringt, und daß sexuelle Erregung nicht notwendigerweise zu sexuellem Ausdruck führen muß. Beim WasserTanzen bietet sich die Gelegenheit, sexuelle Energie als solche wahrzunehmen, sie zu genießen und in sie hinein zu entspannen, ohne sich dem Gegenüber zuzuwenden, um die Energie mit ihm auszuagieren. Es geht darum, sexuelle Ladung im Körper aufsteigen und sich verteilen zu lassen, was dazu führt, daß es im gesamten Körper zu einem zunächst heftigen Schütteln und später zu einem feineren Zittern und Vibrieren kommt, das der Klient schließlich nur noch als hochfrequentes Schwingen und freies Strömen wahrnimmt.

Häufig wird damit das Gefühl eines Kontrollverlustes verbunden, was vielen Klienten angst macht. Wer dieses Hindernis überwindet, fühlt sich wohlig geborgen, strömt über von prickelnder Energie und weiß sich eins mit sich und der Welt – orgasmisches Sein, bei dem jede Zelle sich wieder daran erinnert, woher sie ursprünglich kam: aus einer befruchteten Eizelle, dem ersten physisch faßbaren Ausdruck von Verschmelzung und Liebe.

Nichts wäre verfehlter, als solche Phänomene in vorgeprägten Mustern zu interpretieren und sich dazu sexuell in Beziehung setzen zu wollen. In diesem Bereich schlägt für den Wassertänzer die Stunde der Wahrheit. Er soll Sicherheit geben, wo er sich vielleicht selbst nicht allzu sicher fühlt. Zunächst geht es um eine räumliche Sicherheit, indem der Wassertänzer dafür sorgt, daß der Klient nicht irgendwo anschlägt, daß er kein Wasser schluckt oder sich sonstwie verletzt. Statt wortlos verschreckt daneben zu stehen, kann der Wassertänzer diesen Prozeß auch verbal begleiten und seinem Klienten mit Worten versichern, daß er weiterhin gehalten und betreut wird.

Neurotiker und Psychotiker, Narzißten und Borderliner

Menschen mit einem gefestigten, soliden Ich erleben WasserTanzen mit großem Gewinn. Sie bringen ein gesundes Maß an Sicherheit und Vertrauen mit, haben den Mut, Verhaftungen an äußere und innere Werte loszulassen, und müssen nicht unter allen Umständen an ihrer ichhaften Zentriertheit festhalten. Für sie ist WasserTanzen ein Spiel, denn sie begeben sich unverkrampft und leicht auf Ausflüge bis hin zur Ich-Auflösung, in archetypische und außerkörperliche Erfahrungen und kehren bereichert davon zurück. Der mit solcher Art von Reisen offensichtlich vertraute Psychiatrieprofessor Christian Scharfetter weist die Richtung: „Wünschenswert ist nicht ein Austritt aus dem Tageswachbewußtsein in das Überbewußtsein, sondern die allmähliche Ausdehnung des Bewußtseins mit der Integration immer weiterer Bewußtseinsbereiche."

Leicht bedroht ist das Ich des Neurotikers. *Neurotiker* haben eine gestörte Erlebnis- und Konfliktverarbeitung, denn in einem bestimmten Bereich ihrer Persönlichkeit müssen sie Verdrängungsarbeit leisten. Neurosen liegen Fehlentwicklungen der Persönlichkeit zugrunde, die bis in die frühe Kindheit zurückreichen, dem Betreffenden aber verborgen sind. Sie manifestieren sich in

- Störungen des Erlebens: Angst, Depression, Zwangssymptome, Entfremdungserscheinungen
- Störungen der körperlichen Funktionen: psychosomatische Störungen
- Verhaltensstörungen: gehemmtes Kontaktverhalten, mangelhafte Durchsetzungsfähigkeit, anklammerndes Verhalten, Geiz und Pedanterie.

Trotz seiner Störung bleibt ein an einer Neurose leidender Mensch in vielen anderen Bereichen ungestört, verspürt aber sehr wohl einen Leidensdruck. Weil ihm der Kern seiner Störung nicht bewußt ist und er sich nicht selbst davon befreien kann, zeigt er eine Tendenz zur Wiederholung als untauglichen Versuch einer Lösung. Von ihrer Entstehung her sind Neurosen mißglückte Konfliktlösungen oder mißlungene Verarbeitungsversuche von Erlebnissen, die sich durch Internalisierung, Regression und Fixierung zeigen.

Wie uns die Erkenntnisse der modernen Psychologie bestätigt haben, sind wir alle mehr oder minder Neurotiker, da wir im Rahmen unserer Sozialisation Verdrängungsarbeit leisten müssen. Das Maß des Leidensdrucks, das wie die Spitze des Eisbergs ins Bewußtsein ragt, bestimmt, wie gut oder schlecht wir mit der Neurose leben können.

Im Wasser reagieren Neurotiker häufig mit starker Kontrolle und leisten dort Widerstand, wo sie sich gefährdet wissen. WasserTanzen erlaubt es, mit verdrängten Inhalten des Bewußtseins in Berührung zu kommen, ohne von ihnen überwältigt zu werden. Angst macht eng und erhöht die Körperspannung. Durch die energetische Ausdehnung im Wasser gelangt unbewußtes, verdrängtes Material ins Bewußtsein. Normalerweise erhöht sich dadurch die Angst und verhindert die bewußte Bearbeitung des Verdrängten. Wenn der Wassertänzer anhand zunehmender Verspannung merkt, daß solche Prozesse ablaufen, kann er sie ansprechen und seinem Klienten anbieten, ihn mit Bewegung und Gespräch zu begleiten. Die Bearbeitung dieses wenig angenehmen Materials kann zu einer weiteren energetischen Ausdehnung führen. Der Weg durch diese Bereiche mündet schließlich in feinere, lichtere Gefilde, wo Ekstase und Enstase nah beieinander liegen und embryonale und evolutionäre Erfahrungen der Geborgenheit erinnert werden. Gut möglich ist aber auch, daß der Neurotiker, sobald er mit der Neurose in Berührung kommt, die Behandlung mehr oder minder unauffällig abbricht. Der Neurotiker muß und kann beim WasserTanzen lernen, weicher zu werden und seine Angst zuzulassen. Mit anderen Worten: Für Neurotiker ist WaserTanzen bestens geeignet. (Siehe Fallgeschichte Bruno)

Gerade umgekehrt verhält es sich bei Menschen mit einer *psychotischen Charakterstörung*. Sie leiden an einer Ich-Schwäche und haben ein hohes Angstniveau, was bedeutet, daß in ihrem Körper viel Angst gespeichert ist und sie auf Herausforderungen überreagieren. Ihre Reaktionen sind oft chaotisch, unvorhersehbar und unberechenbar. In ihrem Verhalten schwanken sie zwischen Gefühlsausbrüchen und Abwehrreaktionen, indem sie projizieren und idealisieren und dadurch den Kontakt zur Wirklichkeit verlieren. Rasch verlieren sie den Boden unter den Füßen, und ständig besteht die Gefahr eines psychotischen Schubes. Wohl ist es ihnen möglich, mit anderen Menschen in Kontakt zu treten und Empathie zu empfinden, doch beim Aufbau von Beziehungen verlieren sie sehr schnell ihr Zentrum und neigen dazu, andere in ein von ihnen konstruiertes Wahnssystem einzubauen.

Psychosen entstehen durch chronische Frustrationen, frühe Verlusterlebnisse und Enttäuschungen, gestörte Familienstrukturen, verzerrte familiäre Interaktionen und irrationale Denkmuster. Kennzeichnend für dieses Leiden sind:

- ein Bruch beziehungsweise ein Rückzug des Ichs von der Realität
- Störung höher organsierter Ich-Funktion und Regression auf sehr frühe Entwicklungsstufen
- undifferenzierte Objektbeziehungen wie beispielsweise die Symbiose von Mutter und Kind und primitive Abwehrmechanismen wie Projektionen und Gewalt gegen sich selbst.

Ein Mensch mit einer psychotischen Störung muß beim WasserTanzen lernen, sein Zentrum zu finden und sich anderen gegenüber abzugrenzen. Für solche Menschen ist WasserTanzen nur sehr bedingt geeignet, und, um ihnen wirklich helfen zu können, bedarf es eines entsprechenden Repertoires an psychotherapeutischen Begleitmöglichkeiten.

Um die Jahrhundertwende füllten Patienten mit hystischem Charakterbild die Praxen der ersten Psychoanalytiker, später wurde ein starker Anstieg der depressiven Charakterstörung verzeichnet, und heute sind es die *narzißtischen Charakterstörungen*, die besonders von sich reden machen. Sie zeigen sich in extremer Selbstbezogenheit, übersteigertem, aufgeblasenem Selbstbild, bis hin zur Ausnutzung anderer Menschen. Den Narzißten mangelt es an Empathie, sie werten andere Menschen als mittelmäßig ab und tun dies aus Neid- und Konkurrenzgefühlen. Da wir derzeit in einer narzißtischen Gesellschaft leben, funktionieren Menschen mit einer solchen Störung in der Regel gut. Sie können sich abgrenzen, sind beruflich erfolgreich und haben eine gute Impulskontrolle, sind aber von den Gefühlen her schlecht mit sich selbst verbunden. Bei einer narzißtischen Kernabwehr, bei einer schweren Störung also, hat der Klient den Objektbezug minimalisiert oder ganz verloren und reagiert auf Streß mit Manipulation, Ausbeutung oder Rückzug und Erstarren.

Mit anderen Worten: Narzißten sind cool. Wenn sie überhaupt ins warme Wasser steigen, fällt es schwer, einen guten Kontakt mit ihnen aufzubauen. Verfrüht verfallen sie in Eigenbewegungen und verpassen die Gelegenheit, mit dem Gegenüber in Kontakt zu treten. Ganz offensichtlich steht der Narzißt beim WasserTanzen vor der Aufgabe, sich zu öffnen, Nähe und Intimität zuzulassen, sich verletzlich zu machen und auf eine ihm wenig vertraute Weise eine Beziehung aufzubauen.

Unter dem *Borderline-Syndrom* wird in der modernen Psychologie eine Störung verstanden, die auf Entwicklungshemmungen in den ersten drei Jahren zurückgeht. Diese Störung bleibt lange Zeit unerkannt, bis sie durch emotionale Spannung, Drogen, Alkohol oder Streß, aber auch durch auflösende Psychotechniken wie Trance, Atemtherapien oder tiefgehende Körperpsychotherapien, also auch durch WasserTanzen plötzlich zu Tage treten können.

In den Objektbeziehungen des Borderliners findet die Fusion von Gut oder Böse nicht statt, so daß die liebevolle und die kritisierende Mutter wie zwei Personen wahrgenommen wird. Auch die Bereiche von Phantasie und Wirklichkeit können nicht ausreichend unterschieden werden. Von den Symptomen her bewegt sich der Borderliner (wörtlich: Grenzgänger) zwischen dem narzißtischen und dem psychotischen Krankheitsbild: ungenaue Realitätserfassung, Ich-Schwäche, schlechte Kontrolle von Triebimpulsen, mangelnde Angsttoleranz und chaotisches Persönlichkeitsbild.

Für das WasserTanzen ist es von großer Bedeutung, eine Borderline-Störung zu erkennen, noch bevor es zu einer Behandlung kommt. Das ist selbstverständlich nicht immer einfach, aber Borderliner sind im Wasser im falschen Element. O.F. Kernberg hat in seinem Buch *Borderline-Störungen und pathologischer Narzißmus* eine Identifikationsliste erstellt, anhand derer wir versuchen können, eine Borderline-Struktur zu erkennen: 1. Abklärung der Ich-Stärke, verstanden als Realitätsprinzip (Indikatoren hierfür sind: hohes Angstniveau, schwache Impulskontrollle, Denkstörungen und primitive Körperängste) 2. Symptome wie psychosomatische Störungen, Zwangsrituale oder Phobien. 3. Primitive Abwehrmechanismen. Während Neurotiker mit Verdrängung oder Sublimierung reagieren, tun dies Boderliner mit Abspaltung, Projektion, Verleugnung, Grandiosität, Idealisierung, Entwertung und Kontrolle. 4. Objektbeziehungen: Fähigkeit, eine konstante emotionale Beziehung zu einer Person aufrechtzuerhalten. Wir klären hierzu die Art der Beziehungsnahme ab, zum Beispiel mit

Fragen zur Konstanz von Beziehungen zu inneren und äußeren Objekten, deren Tiefe, dem Grad und der Art der Abhängigkeit und der Ablösung.

Blockaden

In der chinesischen Lehre der fünf Elemente entspricht Wasser den Organen Blase und Niere mit den dazugehörigen Emotionen Angst und Lust.

Berührung von Haut zu Haut ist in unserer Gesellschaft Mangelware geworden. Die Bedeutung taktiler Funktionen zeigt sich aber bereits innerhalb des Gehirns. Hier überwiegen die Bereiche, die mit der Wahrnehmung von Berührung und deren Verarbeitung beschäftigt sind. Ohne Seh- oder Hörsinn kann der Mensch leben, aber ohne die Funktionen der Haut überleben wir nicht. Tiere lecken sich und ganz besonders ihre Jungen. Wir sprechen davon, daß sie sich putzen, in Wirklichkeit aber versorgen sie sich mit der für sie lebenswichtigen Hautstimulation.

Der Mensch wird offensichtlich während der Geburt durch die bei keinem anderen Lebewesen so heftig ausgeprägten Wehen und Kontraktionen des Geburtskanals mit den ersten lebenswichtigen

Hautstimulationen versorgt. Diese erste Berührung fördert die kinesthetische, die muskuläre und die seelische Entwicklung. Körperliche Nähe und Berührung durch die Mutter oder einen Mutterersatz sind notwendig, um zu verhindern, daß sich akute Depressionen, Appetitmangel, Gewichts- und Kräfteverlust, der bis zum Tode führen kann, entwickeln.

Über seinen eigenen propiozeptiven Sinn und über die exterozeptiven Sinnesorgane der Haut, die auf Druck, Schmerz, Wärme und Kälte reagieren, nimmt ein Kind sehr genau wahr, wie es angefaßt und gehalten wird. Mehr noch: Selbst die Gefühlslage eines Berührenden teilen sich einem Kind über die Haut mit. Ashley Montagu stellt dies in seinem bahnbrechenden Werk *Körperkontakt* fest und erinnert daran, daß Erwachsene zuweilen schon aus der Art des Handgebens Schlüsse über das Wesen ihres Gegenübers ziehen.

„Am Anfang des Lebens ist die Hauterotik von großer Bedeutung", schreibt Anna Freud in *Wege und Irrwege der Kinderentwicklung,* 1968. „Die lustvolle Berührung der Körperoberfläche von seiten der Mutter spielt eine vielseitige Rolle für das Kind. Sie libidinisiert die einzelnen Körperteile, hilft dem Aufbau des Körper-Ichs, steigert den Narzißmus und befestigt gleichzeitig die Objektbeziehung zwischen Mutter und Kind." Als Psychoanalytikerin geht Anna Freud davon aus, daß diese zentrale Stellung der Hauterotik die Entwicklung des Kindes die ersten beiden Lebensjahre nicht überdauert. Sie geht zurück zugunsten einer Orientierung an den Lustzentren des Anus und der Genitalien.

Diese Feststellung trifft bestimmt für die ideale Entwicklung eines Kindes zu. In Wirklichkeit jedoch herrscht in unserer Kultur seit mindestens 150 Jahren ein derartiges Berührungstabu selbst zwischen Eltern und deren Kindern, daß die meisten in ihren ersten Lebensjahren in punkto Berührung zu kurz kommen. Dieses Manko sucht auch im Erwachsenen weiterhin nach Befriedigung, jetzt zumeist in sexueller Aktivität, deren eigentlicher Antrieb nicht die erotische Stimulation ist, sondern eine unstillbare Sehnsucht nach Berührt- und Gehaltenwerden. Vieles deutet darauf hin, daß ein extremer Mangel an Berührung in der Kindheit zu einer geringen Empfindungsfähigkeit, einer schwachen Identität, zu Gefühlsunsicherheit und Gleichgültigkeit führen – alles Züge der schizoiden oder schizophrenen Persönlichkeit. Aus dieser Erkenntnis heraus sind Wiegen, Schaukeln und Halten in direktem

Körperkontakt inzwischen als Behandlungsformen in die Psychiatrie eingegangen, die bei Schizophrenen mit einigem Erfolg zur Anwendung kommen.

Die Ärztin Martha G. Welch schreibt in ihrem Buch *Die haltende Umarmung*: „Durch die haltende Umarmung übermitteln Sie ihrem Kind die Botschaft, daß Sie es mit all seinen Gefühlen vorbehaltlos annehmen, so negativ oder zerstörerisch sie auch sein mögen... Indem die Mutter alle Gefühle des Kindes vorbehaltlos zuläßt, erlaubt sie ihm, sie ohne Schuld- oder Schamgefühle zu erleben; das Kind muß sich nicht länger abwerten. Es lernt, daß es sich vor Gefühlen nicht zu fürchten braucht, da es sie innerhalb dieses Rahmens verarbeiten kann: Furcht, Wut, Schuld- und Schamgefühle, Verletzungen, Neid und Eifersucht sowie alle positiven Gefühle."

Nach den Erkenntnissen von Martha G. Welch haben wir unsere Ausdrucksfähigkeit für positive Gefühle verloren, weil wir die Fähigkeit, negative Gefühle auszudrücken, blockiert haben. Wenn jemand wütend oder ängstlich ist, werden Adrenalin und dessen Gegenspieler Noradrenalin freigesetzt. Diese in Gefahrensituationen ausgeschütteten Botenstoffe, helfen bei der Reaktion von Angriff und Flucht, wodurch Blutdruck und Muskelspannung steigen, der Puls sich verändert und die Atemfrequenz zunimmt. Allgemein nennt man dies Erregung. Erregung ist die Basis für verschiedene Gefühle, nicht nur für Wut. Auch Freude, Aufregung, Furcht, Sorge, Angst, Frustration und Eifersucht melden sich in uns mit den gleichen körperlichen Symptomen. Je nach Situation interpretieren wir eine allgemeine Erregungssteigerung und kleben ihr ein Gefühlsetikett auf. Der gleiche Erregungsgrad kann Lust oder Angst bedeuten, aber unsere Konditionierung nimmt uns die Freiheit der Wahl.

WasserTanzen bietet in diesem Zusammenhang die Gelegenheit, Verpaßtes auf bewußte Weise nachzuholen und unangepaßtes, schädliches Verhalten zu dekonditionieren. Berührung und Gehaltenwerden geschieht dabei in ungezwungener Natürlichkeit und seitens des Klienten im Vertrauen darauf, daß dieser zunächst wenig vertraute Körperkontakt förderlich ist und alte, meist längst vergessene Wunden heilt.

Der Furchtreflex

Menschen, die als Kind nicht liebevoll gehalten wurden, entwickeln später oft eine übertriebene Angst vor dem Fallen. Diese Angst kennt jeder Mensch, und bis zu einem gewissen Grad entspringt sie einer durchaus realen Bedrohung. Sie führt jedoch zu dauernden Verspannungen, und Stanley Keleman hält die Angst vor dem Fallen für das negative Grundgefühl schlechthin, das jeder körperlichen Panzerung zugrundeliegt. Moshé Feldenkrais spricht vom *Furchtreflex* als dem einzigen Reflex, der Bewegung hemmt, während alle anderen Reflexe diese auslösen: „Ein erschrecktes Tier erstarrt oder läuft weg. In beiden Fällen gibt es jedoch zuerst ein Moment des Innehaltens: eine heftige Kontraktion der Beugemuskulatur, besonders in der Bauchregion (Rectus abdominus und Iliopsoas), Atemstop, erhöhter Puls, Schwitzen bis Urinieren bei gleichzeitiger Hemmung der Streckmuskulatur, begleitet von allen Empfindungen, die mit Furcht assoziert werden." Das erschreckte Tier oder der geschockte Mensch begibt sich demnach instinktiv in eine gebeugte Schutzhaltung. Das tut er, weil ihm diese erste Phase des Furchtreflexes danach eine starke Streckung der Extensoren erlaubt, um mit geballter Kraft zu Flucht oder Angriff überzugehen.

Ein Neugeborenes zeigt von Geburt an eine instinktive Angst vor dem Fallen. Der Furchtreflex beugt seinen Körper in eine fötusähnliche Haltung. Der Iliopsoas, ein Hauptmuskel, mit dem wir die Beine an den Brustkorb ziehen, hilft, die verletzbarsten Teile des Körpers zu schützen. Diese Reaktion erfolgt immer, wenn ein Mensch keine Wahlmöglichkeit hat, starkem Streß oder Ohnmachtsgefühlen ausgesetzt und auf passiven Selbstschutz angewiesen ist. Die gebeugte Schutzhaltung wird vom Bewußtsein als ein Zurück in uterale Sicherheit interpretiert und wirkt beruhigend.

Anhaltender Streß zwingt das Kind und später den Erwachsenen in eine Haltung, die ein Gefühl von Sicherheit und die Aussicht auf ein Angstmanagment verspricht: ein ständiges Zusammenziehen der Flexoren und eine Hemmung der Extensoren. Nach einer gewissen Zeit wird diese Haltung zur Gewohnheit und ins Unterbewußtsein abgedrängt. Während die Extensoren als Anti-Schwerkraftmuskeln den Körper aufzurichten versuchen, ziehen ihn die Flexoren zur Angstvermeidung in entgegengesetzter Richtung zusammen. Das führt zu einer chronischen Verspannung und Verhärtung der Extensoren. Der mit dieser Haltung verbundene Affekt wird verdrängt und lagert sich als unbewußte Angst im Körper ab. Auch bewußtes Aufrichten, etwa als Folge der Aufforderung „Steh gerade!" hilft da nicht mehr weiter, und ein Lebensgefühl von Sinnlosigkeit, dumpfer Müdigkeit und Schwere macht sich breit. Die Körperstruktur ist aus dem Lot, die aufrechte Haltung bricht zusammen.

Ein versteinertes Becken und ein inadäquat funktionierender Iliopsoas blockieren auch den Fluß der sexuellen Energie. Kommt diese dennoch ins Fließen, droht die Gefahr, daß das Individuum völlig von ihr überschwemmt wird. Wenn die sexuelle Energie daran gehindert wird, durch Genital und Beine nach unten abzufließen, muß sie nach oben ausweichen und manifestiert sich dort in diffusen Ängsten, Redefluß und Gedankenflucht. Wilhelm Reich fand heraus, daß *sexuelle Energie* und Angst für zwei Gegenpole vegetativer Erregung stehen. Dieselbe Erregung, die sich als Lebensenergie des gesamten Organismus oder direkt in den Genitalien als Lust zeigt, manifestiert sich als Angst, wenn sie nach oben steigt und das Herz- Kreislaufsystem eines blockierten Körpers stimuliert.

Wer von körperlichen und seelischen Blockaden frei ist, erfreut sich am Fluß der Vitalität. Und wer gelernt hat, Energie zu kanalisieren und sie zu transformieren, wie das beispielsweise im Kundalini Yoga, Tao Yoga und im Tantra gelehrt wird, führt diese Kräfte nicht durch die Genitalien ab, sondern zieht sie willentlich durch den mittleren Kanal (Sushumna) in Brust und Kopf. So baut der Adept einen Kreislauf subtiler Energie auf, dem neben einer beträchtlichen Heilkraft auch erstaunliche psychische Fähigkeiten zugeschrieben werden.

Segmentarbeit

WasserTanzen ist in gewisser Weise eine Fortführung von Formen der Körperarbeit, wie sie sich seit den fünfziger Jahren im weiten Grenzbereich von Psychologie und Medizin herausgebildet haben: Rolfing von Ida Rolf, Bioenergetik von Alexander Lowen, die Feldenkrais-Methode von Moshé Feldenkrais und wiederum daraus verfeinerte Methoden wie Touch for Health und ähnliche. Aus dem reichen Schatz asiatischer Gesundheitslehren kamen körperorientierte Therapieformen und Bewegungskünste wie Akupressur, Shiatsu, aber auch Tai Chi und Aikido.

Der Sprung ins Wasser bringt für diese Arbeit unermeßliche Vorteile mit sich. Der hellsichtige Medialtherapeut Manuel Schoch wohnte einer Behandlung in WasserTanzen bei und richtete sein Augenmerk auf die Veränderungen im Energiekörper des Klienten. Er hat den Qualitätssprung, der mit dem Element Wasser in die Köperarbeit kommt, wie folgt umschrieben: „Zunächst wird im Wasser die mentale Aura aktiviert. Diese wirkt wiederum über das Gehirn auf den Ätherkörper und den physischen Körper zurück; das heißt, beim WasserTanzen kommt es schneller und nachhaltiger zu Veränderungen des Körperschemas als es bei Therapien an Land jemals möglich wäre.“

Auch wenn WasserTanzen aufgrund solcher Beobachtungen im mentalen Bereich geradezu sensationelle Veränderungen erwarten läßt, ist davon auszugehen, daß es nach wie vor zunächst und hauptsächlich um eine Behandlung des Körpers und die Arbeit an seinen Verspannungen geht. Nach Wilhelm Reich befassen wir uns mit drei Hauptsegmenten des Körpers, in denen sich Spannungen und Blockaden festsetzen und zum sogenannten Charakterpanzer verfestigen: im Becken, in der Brust und im Kopf. In aufsteigender Reihenfolge geht es in diesen Segmenten um Erdung und Zentrierung, Abgrenzung und Bindung, Wahrnehmung und Ausdruck. Auch wenn wir die Segmente theoretisch so abgrenzen und nacheinander aufführen, gilt es bei der konkreten Arbeit mit ihnen eher der Intuition zu folgen. Vor Augen haben wir den Fluß der Energie, und wir suchen ihn dort freizulegen, wo er sich gerade staut.

Grundsätzlich kann die Arbeit an diesen Segmenten auf drei verschiedene Arten angegangen werden: Erhöhung der Energie durch Verstärkung oder Veränderung des Atemmusters. Direkte Arbeit am verspannten Muskel durch Bewegung oder Druck. Aufklären des Widerstandes.

Es liegt in der Natur des WasserTanzens, daß sich der Atemrhythmus des Klienten dabei verändert. Allein schon durch das Gehaltenwerden in körperwarmem Wasser entsteht eine Atmosphäre des Vertrauens und Lösens. Sobald sich die Phasen des Atemstops verlängern, vertieft sich der Atem, und eingefahrene Muster wie Bauch- oder Brustatmung fangen an, sich aufzulösen. Die direkte Arbeit am Muskel geschieht beim WasserTanzen mit Hilfe verschiedener Massagetechniken. Die einzelnen Wassertanzfiguren enthalten zahlreiche Dehn- und Streckbewegungen, durch die Gelenke, Muskeln und Sehnen beweglicher werden. Emotionale Widerstände können vom Wassertänzer direkt angesprochen werden. Schwieriger zu erkennen und zu bearbeiten sind Widerstände gegen den Therapeuten, sogenannte Übertragungen, zu denen es auf der bewußten wie auf der unbewußten Ebene kommt. Auch hier geht es darum, Beobachtungen zu registrieren und sie gegebenenfalls direkt oder am Ende einer Behandlung mitzuteilen, um das Bewußtsein des Klienten darauf zu lenken.

Wer aufgrund einer Verletzung bei bestimmten Bewegungen chronisch Schmerz erleidet, stellt sich schnell darauf ein, diesen Schmerz vorwegzunehmen und die Bewegung einzuschränken oder sie ganz zu vermeiden. Selbst wenn der ursächliche Schmerz längst abgeklungen ist, bleibt die Unterlassungs- oder Abwehrhaltung bestehen. Diese Vermeidungsstrategien können sich als Gewohnheiten festsetzen und werden reflektorisch kontrolliert. Das gilt, solange wir uns aktiv und unter Kontrolle des eigenen Bewußtseins bewegen und der Schwerkraft ausgesetzt sind. Da der Klient im Wasser passiv bewegt wird und in veränderte Bewußtseinszustände eintritt, kann die Funktion der Kontrolle zugungsten eines neuen Lernens aufgegeben werden. Auf spielerische Weise eröffnen sich neue Bewegungsräume und werden versuchsweise betreten, ohne daß sich der Klient dessen bewußt werden muß.

Bei *Blockierungen im Becken* geht es um Angst und Verwirrung in bezug auf sexuelle Gefühle, um das Geerdetsein und In-der-Welt-Stehen, um emotionale Lustempfindung, den Willen zum Überleben und um vitale Kraft. Der über den gleichnamigen Film unsterblich gewordene Grieche Alexis Sorbas steht für den Typus

Mensch, der aus dem Bauch heraus lebt, also ohne Blockierungen im Becken. Mit animalischer und sinnlicher Kraft schlägt er seine Umgebung in Bann und vermag andere für die verrücktesten Unternehmungen zu gewinnen. Eine Blockierung des Beckensegmentes geht einher mit einem schlechten Tonus des Beckenbodens und zeigt sich in körperlichen Symptomen wie Hämorrhoiden, Spannungen in Anus und Genital, Verstopfung, Verspannung des Bauches, zu starke oder zu schwache Lordose im Lendenbereich, Überreaktion auf körperliche Berührung.

Wenn der im Becken gestaute Schmerz und die Gefühle von Wut und Angst losgelassen werden können, verwandelt sich die Energie des Beckens. Verwandt mit dem Sex, aber doch von ihm verschieden, wächst eine emotionale Lustempfindung. Daraus kann eine ruhige, feste, bewußte Beckenbewegung entstehen, teils aus eigenem Antrieb, teils aber auch unwillkürlich.

Mit dem Beinaikido arbeiten wir gezielt an der Verbindung zwischen Bein und Becken. Der Aufenthalt im Wasser bringt hier den unermeßlichen Vorteil, daß wir am Hüftgelenk in allen Bewegungsrichtungen arbeiten können: Flexion, Extension, Abduktion, Adduktion, Rotation und Zirkumduktion. Während wir Muskeln und Sehnen strecken und dehnen, drücken und massieren wir jedesmal über den Griff den Ursprung oder Ansatz des antagonistischen Muskels. Während also durch die Bewegung selbst der große Gesäßmuskel gedehnt wird, erfährt der sich beugende Muskel im Hüftgelenk über den haltenden Druck eine Massage und Stimulation. Dadurch finden diese beiden Muskeln zu einer optimalen Position, und ihr Zusammenspiel schafft Bewegungsspielraum.

Die Stärke des Drucks, mit dem Bewegungen geführt werden, ergibt sich aus einer ganzen Reihe von Faktoren. Die Wassertiefe, die Kraft des Tänzers, die Länge des Hebels, die Körperlänge und das Gewicht des Klienten sowie seine Flexibilität wirken als sich bedingende Kräfte, die das Spiel der beiden Körper im Wasser ausmachen. Im Unterschied zur Körperarbeit an Land wirkt im Wasser ein Korrektiv. Wie ein schützender Raum umgibt das Wasser die Körper und sorgt mit ausgleichend sanftem Widerstand dafür, daß sich Bewegungen nur innerhalb eines für den Klienten annehmbaren Spielraums ereignen.

Bei der Bewegungsfigur der Glocke hängen die Beine des Klienten über den Schultern des gegrätscht stehenden Wassertänzers.

Mit sanftem, aber bestimmtem Druck der beiden Hände auf den Bauchraum wird der Klient unter Wasser gebracht und dort zwischen den Beinen des Tänzers geschwungen oder auch vor ihm seitlich hin und her geschwenkt. Impulsgeber für all diese Bewegungen sind einzig die beiden auf dem Bauch des Klienten tanzenden Hände. So wird das Bauchsegment geöffnet, und ein zu angespannter oder zu lascher Rectus abdominis und der tiefer gelegene Iliopsoas werden gelöst.

Wie gesagt, beim Becken wird's heikel. Nicht nur, daß hier gestaute sexuelle Energien freigesetzt werden, die Bewegungsfigur der Glocke birgt auch eine den meisten völlig unvertraute Nähe vom Geschlecht des Klienten mit dem Kopf des Wassertänzers. Auch wenn es von außen versiert und unproblematisch aussehen mag, heißt das noch lange nicht, daß die ungewöhnliche Position in den beiden nichts auslöst. In der Ausbildung gilt deshalb die Empfehlung, bei dieser Stellung oder besser noch, bevor sie eingenommen wird, sehr genau auf die aufkommenden Gefühle zu achten und, wo angezeigt, die Verfänglichkeit abzuschwächen. Das ist möglich, indem der Wassertänzer seinen Unterarm als Sperre quer über die Schenkel des Klienten legt oder indem er dessen Beine zusammen und ungeöffnet über nur eine Schulter nimmt.

Bei *Blockierungen im Brustbereich* geht es um Mangel an Liebe und Zuneigung oder um Angst davor und die Angst, verlassen zu werden. Dies erfährt der Klient als Verhärtung und Enge in der Brust. Die Brust ist das zentrale Segment, weil hier die lebensgeschichtlich erste Blockierung stattfindet, nämlich die über die Atmung. Festgehalten wird der Oberkörper entweder in der Inspirationsstellung (er wirkt dann tonnenförmig und aufgeblasen, und meist steckt darin Ärger und Furcht) oder in der Expirationsstellung, verkörpert von einer schmalen eingesunkenen Brust (hier wird Trauer zurückgehalten und kontrolliert).

Zum Brustbereich gehören auch die Arme, in denen Aggressionen, Verlangen und Abgrenzung festgehalten werden, und das Zwerchfell. Das Zwerchfell wirkt als Scheidewand zwischen den beiden Körperhälften, als Trennung zwischen „Lichtem und Dunklem", animalischem und gefühlsbestimmtem Sein. Eine Blockierung des Zwerchfells kann sich in einem kontrollierten Atemmuster mit Brechhemmung und Neigung zu Magengeschwüren manifestieren.

Wenn die Energien des Brustbereichs ungehindert fließen, dreht sich das Leben um das Herz und dessen Bedürfnisse. Die beiden indischen Heiligen Ma Amritanandamay und Mutter Meera sind zwei gegenwärtig lebende Verkörperungen des Archetyps der Großen Mutter. Ihr Wirken ist das Schaffen einer Herzverbindung, und die wird ohne Ansehen von Geschlecht, Herkunft oder Zugehörigkeit gewährt. Wer sich dafür öffnet, kann dies wirklich spüren. Die Energie der Großen Mutter verbreitet sich sozusagen nach dem Motto: „Laß dich einmal von mir in die Arme schließen, und du weißt, was Liebe ist.“

Wenn der zuvor verschlossene Brustbereich aufgeht, kommt es zu so überraschenden Einsichten wie „Ich bin liebenswert und kann mich mit offenem Herzen auf andere einlassen, mich wo nötig aber auch von ihnen abgrenzen.“ Bewußt wird die feine, aber wesentliche Unterscheidung zwischen Emotion und Gefühl. Emotionen sind unbewußt und werden ohne große Verantwortung ausagiert. Gefühle sind bewußt, und sie werden in bewußter Wahrnehmung des anderen mitgeteilt. Angst weicht Liebe, erfahren als umfassende Ausdehnung der Aura. Die vitalen Energien des Beckenraums können sich nun mit der Energie des Herzens vereinigen, Sex und Liebe stehen nicht länger gegeneinander, sondern fließen zusammen zu einem allgemeinen Gefühl der Dankbarkeit dem Leben und dem Element Wasser gegenüber.

Mit den Bewegungsfiguren Verdrehung und Akkordeon, Armaikido und Walzer wirken wir im WasserTanzen auf eine Öffnung des Brustbereichs hin. Die Verdrehung, bei welcher der in der Ellenbeuge über Wasser gehaltene Klient an der entfernten Hüfte zum Wassertänzer hin gezogen wird, führt zu einer aufrechten Begegnung von Brust zu Brust.

Beim Akkordeon wird der an Nacken und Kniekehlen fest und sicher gehaltene Klient vor der Brust des Wassertänzers gebeugt und gestreckt. Diese Bewegung unterstützt und beeinflußt das Atemmuster des Klienten besonders deutlich, wenn das Zusammenfalten unter Wasser führt und das Öffnen an die Wasseroberfläche bringt. Verdrehung und Akkordeon schaffen relativ früh im Bewegungsablauf Nähe und bieten die Gelegenheit zur Kontaktnahme von Herz zu Herz. Demnach sind sie vorzüglich geeignet, um eine Vertrauensbasis zu schaffen.

Mit Walzer und Armaikido öffnen wir die Arme und erhöhen deren Bewegungsspielraum in den Schultern. Beim Walzer geschieht dies, indem der ganze Körper, eine Acht beschreibend, an den Händen durchs Wasser gezogen wird. Beim Armaikido nutzen wir die Arme wechselweise als Hebel und drehen den Körper um die Schultern als Angelpunkte.

Wenn dem Klienten davon schlecht wird, können wir davon ausgehen, daß sich sein Zwerchfell im Sinne einer Befreiung regt und daß diese reflektorische Bewegung unterstützt werden sollte. Hier ist es angezeigt, mit einem Griff unter die Rippen direkt ans Zwerchfell zu gehen und es in seiner Funktion zu stimulieren. Eine Verbindung zwischen Solarplexus, Herz und Kehle kann durch einen Stupser in die Magengegend oder durch Auslösen des Brechreflexes hergestellt werden. Der Reflex holt zuvor unterdrückte Emotionen ins Bewußtsein zurück, weil die bewußte kortikale Kontrolle dadurch einen Moment lang außer Kraft gesetzt wird.

Blockierungen im Nacken- und Kopfbereich zeigen sich durch Über- und Unterspannung in Lippen, Mund, Kiefer und Nacken. Sie sind zurückzuführen auf traumatisierte frühkindliche Erfahrungen mit Saugen, Beißen, Erbrechen und dem Ausdruck von Aggression. In den Augen erkennbar sind Lebensangst und die Scheu, gesehen zu werden. In der Kehle geht es um Kommunikation und die Anforderung, die eigene Wahrheit zum Ausdruck zu bringen.

Damit die Energien ungehindert durch Nacken und Kopf fließen können, ist eine Entspannung in Sicherheit und Vertrauen auf einer tieferen Ebene absolute Vorbedingung.

Am Nacken- und Kopfbereich arbeiten wir bereits in der Grundhaltung an der Wasseroberfläche. Dabei wird der Nacken in der Ellbeuge oder mit der Hand gehalten, und dieser Griff bewährt sich als Instrument der Rückmeldung über den Spannungszustand des Nackens. Übermäßige Kontrolle zeigt sich durch einen versteiften Nacken, erkennbar durch stark hervortretende Kopfdrehermuskeln und eine unbewegliche Halswirbelsäule. Bei einem überflexiblen Nacken besteht stets die Gefahr, daß der Kopf unkontrolliert unter Wasser gerät, was eine erhöhte Achtsamkeit seitens des Wassertänzers erfordert. Sehr bald erwachsen aus dieser Haltung Schmerzen, da Gefäße abgedrückt werden und die Dornfortsätze der Halswirbel gegeneinander drücken. Der Wassertänzer muß diese beiden Extremhaltungen austarieren, indem er den Kopf stärker absinken läßt, was ihn einerseits entlastet und andererseits dem Klienten mehr Eigenleistung und Bewußtsein abverlangt. Gleichzeitig ist es möglich, den Nacken über die Ellbeuge mit leichten Schüttelbewegungen zu massieren.

Als Fortsetzung dieser Massage und Mobilisierung der Halswirbelsäule wirkt die Bewegungsfigur der Kopfschlange. Der Klient wird dazu in die Bauchlage gebracht; der Wassertänzer steht an seinem Kopfende und setzt beide Hände seitlich der Ohren auf. Er geht rückwärts und zieht den Kopf in weiter Welle auf und ab, wobei er seine Daumen als Hebelpunkte neben der Wirbelsäule einsetzt und massierend tief unter die Schädelbasis greift. Da wir hier direkt am Kopf, also am primären Kontrollzentrum des Körpers arbeiten, müssen wir sehr gezielt vorgehen, um das Vertrauen des Klienten für diesen herausfordernden Griff zu gewinnen. Das Drücken und Halten am Kopf erinnert an die Situation des Säuglings während der Geburt, und in gewisser Weise übergibt sich der Klient in seiner Vorstellung ganz demjenigen, dem er seinen Kopf überläßt.

Der Fall Bruno

Bruno wurde von einem Psychoanalytiker ins WasserTanzen geschickt. Als Kind war er von einem übermächtigen Vater viel geschlagen worden. Er klagte über diffuse Ängste. Rasch wurde mir klar, warum der Analytiker ihm zu einer Begegnung mit dem Element Wasser geraten hatte: Bruno war steif wie ein Brett.

Als er im Wasser in meinen Armen lag, fiel mir auf, daß er sich hinter meinem Rücken krampfhaft an mir festhielt. Seine Beine waren steif, Knie und Hüfte ließen sich nicht beugen, und den Kopf hielt er so fest, daß er fast gewichtslos in meiner Ellbeuge lag. Den Mund hielt er fest verschlossen, seine Lippen waren nur ein Strich, und seine Augenlider flackerten unablässig.

Während mehrerer Stunden veränderte sich Brunos Grundverfassung nicht. Gegen Ende hin ließ er leichte Veränderungen erkennen: Der Mund wirkte ein bißchen offener, und er ließ seinen Kopf etwas mehr los.

Um ihm seine Verspannungen bewußt zu machen, massierte ich zum einen seinen ganzen Körper und speziell seine Beine. Zum anderen fragte ich ihn immer wieder, wie er sich fühle. Er behauptete, er fühle sich wohl, und tat, als wisse er von nichts. Das machte ich ihm deutlich, indem ich beispielsweise versuchte, sein Knie zu beugen, und ihm gleichzeitig meine Absicht mitteilte. Diese Bewegung war nur möglich, wenn er mich dabei aktiv unterstützte. Nach der Stunde fragte ich ihn jedesmal, wie es ihm im Wasser gefallen habe. Er sagte, er würde es genießen und sich dabei sehr entspannen. Obwohl er mit dem Körper etwas anderes auszudrücken schien, überraschte mich diese Auskunft nicht, weil ich aus kleinen, von außen wahrnehmbaren Veränderungen schließen konnte, daß etwas in ihm in Bewegung kam.

Beim fünften Mal wollte er unbedingt unter Wasser. Ich erklärte ihm, wie er zum Ausprobieren mit aufgesetzter Nasenklemme selbst aktiv unter Wasser gehen könne. Er tat es in meinen Armen liegend. Dabei umklammerte er weiterhin meinen Rücken, tat vor dem Eintauchen einen heftigen Atemzug und atmete beim Auftauchen genauso verkrampft wieder aus. Das spielten wir einige Male durch, und schließlich machte ich ihn auf sein Verhalten aufmerksam. Offensichtlich gelang es ihm nicht, dem sich automatisch einstellenden Atemfluß zu vertrauen. Obwohl die Arbeit unter Wasser in seinem Fall noch nicht angezeigt war, zeigte er sich weiterhin so fasziniert davon, daß wir weitermachten. In der Zwischenzeit berichtete Bruno von Flugträumen und Träumen von Wasserwirbeln, verbunden mit Angst und Lust gleichzeitig. Das schien mir ein deutliches Signal der seelischen Ebene zu sein, mit der Arbeit unter Wasser fortzufahren und die Zeichen des Körpers in diesem Fall hintanzustellen. Hinzu kam, daß er mir berichtete, es mache ihm neuerdings wieder Spaß, mit seiner Frau zu schlafen, und daß er dabei seinen Körper und die Begegnung mit seiner Frau auf neue Art wahrnehme.

Bruno war eine große Herausforderung für mich. In meiner Vorstellung warten Dutzende von Bewegungsfiguren darauf, mit neuen Klienten erforscht und ausprobiert zu werden, und da lag dieser Mann in meinen Armen und ließ kaum mehr mit sich anstellen, als einige leichte, unproblematische Grundbewegungen, mit denen ich versuchte, seinen Körper etwas flexibler zu machen. Ich wußte um die vielen Möglichkeiten, die da waren, und sah die Unmöglichkeit, sie zu nutzen. In einer solchen Lage droht die Gefahr, ungeduldig zu werden, mit Enttäuschung zu reagieren und sich vom Klienten und dessen nur allzu offenkundigen Problemen innerlich abzuwenden.

In solchen Fällen ist eine gehörige Portion Empathie vonnöten. Energetisch gesehen bedeutet das Offenheit statt Rückzug. Eine Sitzung an Land mit einer ausführlichen Besprechung, vielleicht verbunden mit der Technik der Gelenkmobilisation, hilft dem Klienten seine Grenzen zu spüren und wahrzunehmen. Den Nachdruck dieser Bemühungen würde ich darauf legen, dem Klienten bewußt zu machen, wie und wo sich bei ihm bereits etwas verändert hat. – Auch wenn das nur kleine Schritte sind, wird er im weiteren Verlauf davon ausgehen können.

Etwa in der achten Stunde begann Bruno unversehens mit heftigen Eigenbewegungen. Sein Atem ging stoßweise, und er geriet zunehmend in Erregung und Wut. Endlich kam die in ihm gestaute Emotion zu ihrem Ausdruck. Was ihn ängstigte und was ihn versteifte, kam nun in Bewegung. Er strampelte mit den Beinen, stieß wild damit um sich, als wolle er sich von etwas Unsichtbarem befreien. Mit der Zeit wurde seine Atmung weicher, auf seinem Gesicht erschienen Tränen, und daraufhin wurde es rosig und wirkte wesentlich lebendiger.

Natürlich hatte Bruno das Bild seines Vaters auf mich übertragen. Entsprechend verspannt war sein Körper, als erwarte er ständig Ungemach von mir. Da ich ihn im Gegensatz zu seinem Vater nicht zu etwas gedrängt hatte, bekundete er zwar anfangs große Mühe, das überhaupt anzunehmen, konnte sich mit der Zeit aber entspannen und sich auf Nähe zu mir einlassen. Der Ausdruck seiner Wut gegenüber seinem Vater brachte den Durchbruch für unsere Arbeit. Danach fielen die Bewegungen im Wasser viel leichter, obschon ich mit ihm niemals den Bewegungsspielraum erreichte, der mit anderen Klienten möglich ist.

Wenig später tauchte Bruno zusammen mit seiner Frau in einem Wochenendkurs auf. Beide hatten sich noch nie zuvor auf ein solches Abenteuer eingelassen. Es war außerordentlich schön und berührend, den beiden zuzusehen, wie sie miteinander spielten und die Bewegungen im Wasser genossen. Immer wieder kam es zum Tausch der Rollen zwischen Gebendem und Empfangendem, und ganz offensichtlich war dem Paar aus der Arbeit im Wasser eine neue Freiheit erwachsen.

Hirnphysiologie

Einer Blockade im Körper entspricht eine übertriebene Kontrolle im Denken. Der blockierte Mensch läßt sich nicht unbedingt schwer bewegen, seine Blockiertheit ist vielmehr eine übertriebene, starre Kontrolle des Bewußtseins über den Körper, die Bewegungen nur in einem vorgegebenen, beschränkten Spielraum zuläßt. Diese Aufteilung in Kopf und Körper spiegelt sich im Gehirn. Sie zeigt sich in der Dominanz einer Hirnhemisphäre über die andere.

Bei 90 Prozent der Rechtshänder dominiert die linke Hirnhälfte. Ihr werden folgende Funktionen zugeordnet: Detailwahrnehmung, zeitorientiertes, lineares Denken, Überleben, Analyse, Sprache (in der Funktion, das richtige Wort zu finden), Selbstbild, Glaubenssystem und Bewertung. Allgemein wird in der linken Hirnhälfte auch die Erinnerung lokalisiert, die Verarbeitung aktuellen Empfindens und Muskelaktivität. Hingegen werden Sprache (als Ausdruck und Betonung von Symbolen), unbegrenzte Wahrnehmung, ganzheitliche Ausrichtung, rhythmisches und musikalisches Empfinden fernab des linearen Zeitbegriffs, ohne Wertung und Angst, räumliche Orientierung und Kreativität und das visuelle Erinnerungsvermögen in der bei den meisten Menschen nicht dominanten rechten Hirnhälfte lokalisiert. Im Idealfall kooperieren die beiden Hirnhemisphären. Bei Kindern scheint das der Fall zu sein, bis die Sprachentwicklung einsetzt. Das Erlernen von Lesen, Schreiben und Rechnen beeinflußt die Entwicklung zugunsten der linken Hirnhälfte, und ist eine Hirnhemisphäre einmal als dominant verankert, übernimmt sie bei erhöhter Anstrengung und Streß gleichsam automatisch die Führung.

In neuerer Zeit wurde dieses Modell als nur bedingt gültig erkannt und weiter ausdifferenziert. Wie im Buch von G. Stokes und D. Whiteside *One Brain* (1990) ausgeführt, werden in der dominanten Hirnhälfte heute *zwei zusätzliche Bereiche* unterschieden: die hinten gelegene allgemeine Intergationszone (AIZ) und die vor der vertikalen Aurikularlinie gelegene Zone für bewußtes assoziatives Denken (ZBAD). Ohne mit letztgültiger Bestimmtheit sagen zu können „das geschieht dort und nur dort“, geht die Hirnforschung heute davon aus, daß diese beiden Zentren wiederum

Verdichtungen von Funktionen sind, die bis dahin den beiden Hirnhemisphären zugeordnet wurden.

In der hinten liegenden allgemeinen Integrationszone werden aktuelle Informationen mit gespeicherten Erfahrungen verbunden, und dann wählt dieses Hirnzentrum aus früheren Überlebensmustern den „besten" Weg. Bei emotionalem Streß schaltet das AIZ alles aus, was nicht dem unmittelbaren physischen und emotionalen Überleben dient, und reagiert gemäß den Vorgaben eines hier gespeicherten Weltmodells. Die subjektive Vorstellung von der Welt, wie sie ist, wächst hier und verfestigt sich mit der Erfahrung. Mit der Zeit führt das zu den sprichwörtlichen Scheuklappen. Die Wahrnehmung wird sehr selektiv und dient in erster Linie dazu, die einmal erworbene Auffassung weiter zu festigen und zu verteidigen. Bezeichnenderweise überwiegen bei den hier gespeicherten Erinnungen die negativen Anteile, also Erfahrungen von Angst und Schmerz. Vor diesem Raster wird jede Veränderung als bedrohlich angesehen. Das AIZ ist auch das Zentrum des Ich, des Selbstbildes und des Selbstvertrauens.

In der vorn liegenden Zone für bewußtes assoziatives Denken werden alle neuen Sinneseindrücke verarbeitet, und überhaupt findet in diesem Zentrum des Hier und Jetzt alles Neue statt. Das assoziative Denken ist hier beheimatet, und auch das Kurzzeitgedächtnis mit Wahlmöglichkeiten arbeitet nur in einem weitgehend emotionsfreien Raum. In der ZBAD erfahren wir die Wirklichkeit, wie sie wirklich ist, frei von Angst, Zeitgebundenheit und Wertungen. Wen überrascht es noch: Diese Zone ist leider sehr selten aktiv, nämlich gerade während fünf Prozent unserer Lebenszeit, und schon gar nicht vermag die ZBAD das Leben von uns Durchschnittsbürgern zu bestimmen.

Informationen werden in dieser Zone in Form von Farben, Bildern und Symbolen verarbeitet. Wie ein unparteiischer Zeuge waltet die ZBAD urteilsfrei über den beiden Hirnhemisphären. Sie sieht das Ganze, vermittelt zwischen den beiden Hälften und reagiert auf Bilder, Rhythmus und Melodie, Ruhe oder rhythmische Bewegung. Wenn hier erinnert wird, geschieht es mit einer vollständigen Gestalt. Sinnigerweise werden bei einer Stimulation einzig im ZBAD Lichterfahrungen ausgelöst. Nicht von ungefähr sagen wir bei Aha-Erlebnissen: „Mir geht ein Licht auf."

Zweifellos ließ sich George Leonard von diesem Hirnzentrum leiten, als er in *Der Rhythmus des Kosmos (1983)* formulierte:

„Das, was man als vollkommenen Rhythmus bezeichnen kann, existiert jederzeit im Wechselspiel, dem lautlosen Pulsschlag zwischen Identität und Holonomie im Kontext von jedem von uns, und jenseits von Konvention, Sprache und Ich können wir diesen vollkommenen Rhythmus unmittelbar erleben."

Warum überlassen wir uns nicht ständig der Führung dieser offenkundig allen anderen überlegenen Zone? Die Antwort heißt Streß. Streß wird durch innere und äußere Faktoren ausgelöst, immer dann, wenn unser Gleichgewicht auf verschiedenen Ebenen gestört wird. Wir reagieren darauf durch Ausschüttung von Streßhormonen wie Adrenalin, um die Blutversorgung für eine Kampf-Flucht-Reaktion bereitzustellen. Das gleiche passiert auch im Gehirn: Die äußeren Kapillare verengen sich, und damit wird die Blutversorgung auf die Funktionen beschränkt, die mit dem physischen Überleben zu tun haben. Zunächst erleben wir diese Reaktion als sprunghaften Anstieg der Wachheit, mit der Zeit jedoch wird daraus ein Gefühl der Dumpfheit und Unfähigkeit zu klarem Denken; das ZBAD wird zugunsten des AIZ ausgeschaltet. F. Matthias Alexander nannte dies „Zieldrang-Syndrom": die Gewohnheit, sich so sehr auf ein Ziel festzulegen, daß man sich übermäßig einengt und verhärtet, um es zu erreichen – und daraus resultiert häufig ein ineffizientes oder gar schädliches Verhalten.

Im Wasser richten wir unser Bemühen nicht auf das Erreichen eines wie auch immer gearteten Ziels, sondern auf den vielzitierten Weg, der bereits das Ziel ist. In jeder einzelnen Bewegung ist das gesamte Programm in gewisser Weise enthalten. Bewegung als Meditation, weg vom aktiven Bewegen zum passiven Bewegtwerden und hin zu Urformen der Bewegung: Welle, Kugel, Kreisel, Umfangen, Freisetzen und Inversion. Obwohl WasserTanzen für den Klienten zunächst ungewohnt ist und dadurch eine gewisse Herausforderung darstellt, wirkt es schon bald streßabbauend und auf ein emotionales Gleichgewicht hin.

Bewegung und das Spiel mit dem Gleichgewicht gehören zu den reizvollsten Elementen neuer Sportarten, die von der Jugend freudig aufgenommen und von Erwachsenen mehr oder minder geschickt nachvollzogen werden: Wellensurfen, Mountainbikefahren, Snowboarden, Rollschuhlaufen und Skateboardfahren. Parallell dazu werden bestimmte Bewegungsmuster gezielt eingesetzt, um spirituelle Effekte auszulösen. In der von Osho begründeten Kundalinimeditation schütteln sich Praktizierende längere Zeit und gehen dann in eine Tanz- und Ruhephase über. Ekstasetechniken der Derwische wie Kopfschütteln und Drehtanz werden allmählich auch im Westen bekannt. Selbst in Massageformen wie dem Tragering und der von uns entwickelten Gelenkmobilisation wird der Klient passiv ins Schütteln gebracht.

WasserTanzen umfaßt ebenfalls verschiedene dreidimensionale Bewegungsformen und verschiedene Berührungsqualitäten. Neben dem reinen Vergnügen an der Eleganz der Bewegungen haben alle Formen der rhythmischen Bewegung einen nicht zu unterschätzenden Effekt auf das Gehirn. Vor allem stimuliert Bewegung den *Vestibularapparat* im Innenohr, die Stelle, an der die Signale entstehen, die uns über die Stellung unseres Körpers, die genaue Position im Raum, Bewegungsrichtung und die Geschwindigkeit informieren. Die Informationen werden vom Vestibularapparat ins Kleinhirn gesendet, das zu den evolutionsgeschichtlich frühesten Teilen des Gehirns gehört. Es reguliert Bewegung, Gleichgewicht und andere motorische Aktivitäten und ist durch ein dichtes Netz von Fasern mit dem limbischen System verbunden, das wiederum mit Gefühl und Lernen in Verbindung steht und direkt mit dem Neocortex vernetzt ist.

Bewegung ist demnach ein wunderbares Training für das Gehirn. Erwachsene haben sich in aller Regel weit davon entfernt, das heißt, ihre Wahrnehmung von Bewegung und Richtung hat sich im Laufe ihres Lebens auf einer ziemlich schmalen Spur eingefahren. Dagegen haben Kinder einen angeborenen Hang zu vestibularer Stimulation. Die von ihnen gesuchte Stimulation läßt sich grob unterteilen in aktivierende Reize, die nach außen zur Angst-Lust einer Fahrt mit der Achterbahn führen, und in sedierende Reize, die nach innen führen, wie beispielsweise das Wiegen in den Armen der Mutter und sämtliche diesem urtümlichen Vergnügen nachempfundenen Bewegungsreize. Bewegung löst viele elektrische Impulse aus, und diese wiederum sorgen für eine ungeheure Menge an neuraler Aktivität. Die Art dieser neuralen Aktivität ist ungewöhnlich, weil sie nicht nur viele verschiedene Bereiche des Gehirns stimuliert, sondern auch die Neuronen dazu bringt, neue Verbindungen zu knüpfen. Bewegung trainiert also das Gehirn und ist absolut wesentlich für dessen Wachstum.

Bewiesen wurde diese Aussage mit den berühmt gewordenen Experimenten des Psychologen Harry Harlow in den fünfziger und sechziger Jahren. Affenkinder wurden sofort nach der Geburt von ihren Müttern getrennt. Sie wuchsen isoliert auf und bekamen lediglich eine künstliche Ersatzmutter mit einem Fellbezug und falschen Brustdrüsen zur Abgabe einer Nährlösung. Die einer solchen Behandlung unterzogenen Affenkinder reagierten mit starken Verhaltensstörungen, monotonem Schaukeln, wie es bei retardierten Kindern auftritt, Kontaktschwierigkeiten, Unfähigkeit zu sexuellen Handlungen und impulsiven, unberechenbaren Ausbrüchen. Bei den Versuchen ging es um eine Antwort auf die Frage, welche Art von Schaden durch sensorische Deprivation angerichtet wird, beziehungsweise welcher sensorische Input für eine gesunde Entwicklung des Gehirns wesentlich ist. Sind es visuelle Reize, Klänge oder Berührung?

Bill Mason, ein Kollege von Harlow, unternahm weitere Versuche. Er zog eine Affengruppe zusammen mit den Müttern auf, eine zweite mit einer Ersatzmutter wie bereits in den früheren Experimenten und eine dritte Gruppe mit derselben Ersatzmutter, diesmal jedoch mit einem Motor, der sie hin und her schaukeln ließ. Der Apparat versetzte den Affenbabies kleine Püffe, und wenn es ihnen gelang, sich daran festzuklammern, wurden sie umhergeschaukelt. Die Ergebnisse waren verblüffend. Die mit der unbeweglichen Ersatzmutter aufgewachsenen Affen entwickelten dieselben Deprivationsschäden wie in totaler Isolation aufgewachsene Tiere. Die mit der beweglichen Ersatzmutter aufgezogenen Affen jedoch entwickelten sich normal. Der entscheidende Faktor für die Entwicklung normaler Gehirne und normaler Fertigkeiten, läßt sich daraus schlußfolgern, ist also offenbar die Bewegung.

Während beim WasserTanzen der Vestibularapparat im Vergleich zum Normalbetrieb mit Reizen geradezu überflutet wird, geschieht für die sonst so tätigen Sinnesorgane Augen und Ohren das Gegenteil. Die Reize, die hier aufgenommen werden, werden reduziert, ja beinahe ausgeschaltet zugunsten eines sehr monotonen stets gleichbleibenden Reizniveaus. Geschlossene Augen führen in einen Zustand der Beruhigung, bei dem Alphawellen im Gehirn vorherrschen. Die Ohren nehmen allenfalls das sanfte Rauschen des um den Körper spielenden Wassers wahr oder ein sanftes Summen aus der Brust des Wassertänzers. Nichts Aufregendes also, lediglich ein stetes, beruhigendes Fließen von Reizen auf Auge und Ohr bei wachem Bewußtsein. „Blankout“ nennt der

Autor Michael Hutchison in *Megabrain*, einer umfassenden Studie zu den modernen technischen Möglichkeiten der Hirnstimulation, diese der sensorischen Deprivation zwar nahe, davon jedoch sehr verschiedene Bewußtseinsverfassung. Hutchison definiert Blankout als eine „absichtliche Einschränkung der Aufmerksamkeit auf einen einzelnen, monotonen Vorgang, so daß sich das Bewußtsein vollkommen von Alltagsgedanken und Äußerlichkeiten zurückzieht". Davon nicht mehr weit entfernt, liegt der Bereich, um den sich seit der Vertreibung aus dem Paradies letztendlich alles menschliche Streben dreht. Er heißt Gipfelerfahrung in der Psychologie des Abraham Maslow, Satori im japanischen Zenbuddhismus, Samadhi im indischen Yoga, Unio mystica in der abendländischen Mystik, Luzidität in der Parapsychologie und Wolke des Nicht-Wissens bei einem unbekannten christlichen Mystiker des 14. Jahrhunderts.

Im letzten Viertel einer Stunde im Wasser gelangen wir nach den bewegteren Phasen der Arbeit mit ihren stark auf eine Stimulation des Kleinhirns abzielenden Reizen, zum innen erfahrenen Blankout. Hierzu beanspruchen wir im Gehirn die *Formatio reticularis*, die sich über dem Hirnstamm in der Nähe des Kleinhirns befindet. Sie kontrolliert einerseits unser Erregungsniveau und steuert andererseits unsere Aufmerksamkeit. Auf einem hohen Erregungsniveau erleben wir Erregung, Aufregung und Angst bis hin zu Streß und Panik. Dem entspricht auf der körperlichen Ebene der Furchtreflex. Ein niedriges Erregungsniveau bewirkt Zustände der Entspannung, der Meditation und des Wohlbefindens, ausgedrückt im Entspannungsreflex, eine vom parasympathischen System gesteuerten Reaktion, die aufgrund der dabei auftretenden physiologischen Reaktionen ganz offensichtlich dem bereits beschriebenen Tauchreflex gleichkommt: Verlangsamung des Herzschlags, Verringerung des Blutdrucks, Veränderung der Gehirnwellentätigkeit von Beta- zu Alpha- und Thetawellen, Muskelentspannung, Verminderung des Sauerstoffverbrauchs, geringere Werte von streßbezogenen Biochemikalien wie Adrenalin und Cortisol, aber vermehrte Sekretion von Biochemikalien und Endorphinen, die den Körper mit Wohlbefinden, Freude, Sicherheit und geistiger Klarheit erfüllen.

Um zum schwer zu erreichenden „Blankout" zu gelangen, brauchen wir nach Michael Hutchison eine tiefe Entspannung und gleichzeitig eine gesteigerte Aufmerksamkeit im Sinne nüchtern gelassener Wachheit. Schweben in einem nahezu schwerelosen Zustand, wie es von Klienten in den Samadhitanks, aber auch in der Wasserarbeit erfahren wird, scheint hier nahezu ideal. Eine Untersuchung von T. H. Fine und J. W. Jr. Turner (siehe Hutchison S. 291) zeigt, daß bereits das Schweben den Körper zur Freisetzung von Endorphinen anregt. Im Hirn herrschen dabei Alpha- und Thetawellen vor, und die beiden Hirnhälften arbeiten synchron. Egal, welcher Weg dorthin führt, stets mündet er in Streßreduktion, Tiefenentspannung und großer Bewußtheit. Stephron Kaplan Williams, Psychologe und Schöpfer der Jung-Senoi-Traumanalyse, ist beim WasserTanzen in diesen Bereich vorgedrungen und umschreibt ihn so: „Du bist bewußt, total bewußt. Du bist im und außerhalb deines Körpers, aber du bist nicht dein Körper. Du erfährst dich eins mit dem Wasser und deinem Tänzer, der dich bewegt. Du brauchst kein perfekter Athlet oder Meditierender zu sein, um diesen heilenden Zustand zu erfahren."

Wir gelangen beim WasserTanzen also nicht nur in ganz offensichtlich heilende Bereiche für Körper und Gefühle. Wir dringen, wenn die dort zu bearbeitenden Blockaden sich einmal haben lösen lassen, auch in geistig-seelische Räume vor, die sich anders meist erst nach einer langen Zeit des Übens erschließen lassen. Das Gespräch zum Abschluß einer Stunde im Wasser bekommt in diesem Zusammenhang eine neue, tiefere Bedeutung. Wir wollen damit nicht nur sicherstellen, daß der Klient sich wohlfühlt und auf sicheren Beinen zurück an Land gehen kann. Untersuchungen an Klienten im Samadhitank belegen eine erhöhte Suggestibilität, die der rechten Hirnhälfte zugeordnet wird. Was nun, nach einer Stunde des Reizentzugs ans Ohr dringt, wird mit enormer Empfänglichkeit aufgenommen und nicht sehr kritisch bewertet. Unsere Klienten haben also ein Recht darauf, daß wir am Ende der Stunde sehr sorgsam mit ihnen umgehen. Ein liebevoller, geduldiger Blick kommt in aller Regel besser an als viele Worte. Und wenn etwas gesagt wird, soll es behutsam geschehen, weil wir wissen, daß das Gesagte möglicherweise tief ins Unterbewußtsein eindringt. Negatives und Kritisches ist zu diesem Zeitpunkt zu vermeiden; besser geeignet sind positive Affirmationen. Der Medialtherapeut Manuel Schoch erklärte dazu, daß während einer Behandlung mit WasserTanzen und noch sechs Stunden darüber hinaus die Möglichkeit einer Reorganisation im Gehirn bestehe.

Der Klient befinde sich in einem meditativen Zustand, in dem neue Bewegungs- und Bewußtseinsinhalte geübt werden können.

Jenseits von Blockaden

„Jenseits von Richtig und Falsch gibt es ein Land. Dort treffen wir uns." *Rumi*

Wie Stanislav Grof mit seinen eindrücklichen Forschungen zur Psychotherapie mit LSD und Atmung belegen konnte, verschiebt sich der Mittelpunkt der Erfahrungen im Laufe der Behandlungen von den abstrakten und psychodynamischen Elementen hin zu Themen von Geburt und Tod und schließlich zu transpersonalen Szenen. Grof schreibt in *Realms of the Human Consciousness,* 1975: „Tiefer eingreifende LSD-Sitzungen werden gewöhnlich von mystischen und religiösen Themen beherrscht, die ihrem Wesen nach transpersonal sind, Elemente anderer Ebenen, die bereits in früheren Sitzungen bearbeitet wurden, erscheinen auf dieser Stufe nicht mehr."

Beim WasserTanzen sprechen wir vom *Pulsieren* als Ziel. Pulsieren bedeutet freier Energiefluß zwischen den einzelnen Körpersegmenten bei hoher Aufladung und gleichzeitiger Entspannung. Kinder werden in dieser Verfassung geboren, sie sind ihren vegetativen Reaktion unterworfen und reagieren wesenhaft auf Reize, ohne daß sie aus der Pulsation fallen. Allmählich muß ein Kind lernen, seinen Körper mit dem Bewußtsein zu kontrollieren. Meist geschieht das viel zu früh über eine Schulung des Willens. Dadurch bauen sich Blockaden auf, und die Pulsation geht verloren.

Wenn der Erwachsene den Zustand der Pulsation bewußt halten kann, ohne daß es zu einer Entladung oder zur Verkrampfung kommt, eröffnen sich ihm wie von selbst neue Räume des Bewußtseins. Er surft dann auf dem Kamm einer hohen Welle zwischen reflektorischem Vibrieren und Kontrolle durch das Bewußtsein. Diese Welle entsteht aus dem Zusammenspiel dreier Kräfte: eine hohe Ladung, aufgebaut durch eine Veränderung des

Atemmusters; ein flexibles, entspanntes und doch tonisiertes System, ausgelöst und gefördert durch das Wasser und die Bewegungsformen; und drittens Kontakt zu sich selber, zum Wassertänzer oder – unspezifisch – zum ihn umgebenden Wasser.

Dieses halb reflektorische, halb bewußte Vibrieren wird von vielen, die damit nicht mehr vertraut sind, zunächst als unangenehm, ja sogar bedrohlich empfunden. Kein Wunder, denn hier kündigt sich eine Übernahme des Körpers über die Steuerung des Gesamtorganismus an, und ein freieres Wechselspiel zwischen Körper und Geist will erst wieder erlernt sein. Die feinstoffliche Energie fließt dabei zunächst an der Körperoberfläche entlang, später verfeinert sie sich zusehends, fließt auch in der Tiefe des Körpers und verbindet Außen und Innen. So erreicht sie die Ebene der Zelle, wo sich ganz ungezwungen eine Resonanz mit deren Eigenbewegung von Ausdehnung und Kontraktion ergibt. „Die Energie dieses zellulären Pulsierens strahlt wie Licht. Wir erfahren die Energie des Lebens ganz umittelbar, sowohl als persönlich wie als unpersönlich", schreibt Julie Henderson in *Die Erweckung des inneren Geliebten,* 1989.

Auch einem Philosophen wie Peter Sloterdijk sind solche Zustände vertraut. Er spricht in diesem Zusammenhang von einer „Erinnerung an die Nichterinnerung" und schreibt in seinem Essay *Weltfremdheit*: „Unter gewissen Voraussetzungen erinnert sich das menschliche Gedächtnis auch an seinen eigenen Zustand vor der Einschreibung sprachgebundener Information. Um es also nicht weniger paradox auszudrücken, als es der Natur der Sache nach ist: Zu den Merkwürdigkeiten des Gedächtnisses gehört die Fähigkeit, sich an einen Zustand zu erinnern, in dem es sich noch an nichts zu erinnern hatte... Insofern ist die mystische Erinnerung ans Nichts eine natürliche, wenn auch meist unzugängliche Mitgift des menschlichen Gehirns. Die Leere ist angeboren, die Vorstellungen sind erworben. Wenn also das Gedächtnis das Organ der Geschichte ist, müssen wir auch die Erinnerung an das Nichts-zu-erinnern-Haben zu einem wohlverstandenen historischen Bewußtsein von Menschen rechnen."

Daß solche Aussagen von weit mehr als bloßen mystischen Höhenflügen künden, belegen die Forschungen der Neuen Physik. Materie wurde so weit in ihre allerkleinsten Einzelteile zerlegt, bis sich schließlich die Erkenntnis aufdrängte, nicht etwas Festes, Unverrückbares sei der Baustein aller Materie, sondern Schwingungen von Energie und Licht. Demnach ist der Mensch ein Wellenmuster im Schwingungsfeld des Kosmos. WasserTanzen bewirkt wie viele andere therapeutische Verfahren letztlich eine Entgrenzung hin zu bewußtem Mitschwingen in einem übergeordneten, größeren Ganzen, das als *Glück und Ekstase* erfahren wird. Wie dabei im Gehirn eine Schwerpunktverlagerung von der allgemeinen Integrationszone hin zur Zone für bewußtes assoziatives Denken stattfindet, haben wir bereits weiter oben beschrieben. Letztere ist ganz offensichtlich das Gehirnzentrum, in dem wir Glück erfahren, jedenfalls so, wie es Hinderik Emrich, Psychiatrieprofessor an der medizinischen Hochschule Hannover, definiert: „Glück empfinden wir, wenn wir mit Ungewöhnlichem konfrontiert werden und ohne Angstgefühle unser Bewußtsein dafür öffnen."

John Ferguson führt in der *Encyclopedia of Mysticism* folgende Charakteristika für mystische und ekstatische Erlebnisse an: 1. Einheitsempfinden im Sinne einer kosmischen Einheit und ein Dahinschwinden des Ego in einen Zustand reiner Bewußtheit. 2. Transzendenz von Zeit und Raum. 3. Positive Empfindungen von Freude, Glückseligkeit und Liebe. 4. Empfindung des Göttlichen, der Zugehörigkeit zur Gottheit. 5. Empfindung der Gewißheit über die Realität der mystischen Erfahrung. 6. Paradoxa: „Die formlose Form, das bildlose Abbild", dichtete Lao tse im *Tao te king*. 7. Die Unaussprechlichkeit. 8. Die Vergänglichkeit. 9. Daraus resultierende Veränderungen der Einstellung und des Verhaltens.

Vom Glück im Wasser nach einer WasserTanzen-Behandlung berichtet Strephon Kaplan-Williams: „Die transzendierende Erfahrung unter Wasser liegt jenseits aller Beschreibungen. Ich fühlte mich dort so zu Hause, freischwebend und derart verbunden mit allem, daß es eine Unterbrechung war, zur Oberfläche zurückgebracht zu werden. Mit Erstaunen bemerkte ich, daß meine Luftreserve zu Ende ging und es Zeit zum Auftauchen wurde. Statt dem Druck nach einem neuen Atemzug nachzugeben, ließ ich einfach los und entspannte mich noch weiter, oder ich war schon so entspannt und offen, daß nichts mehr wichtig war. Im Wasser sind wir nur einen Atem weit weg vom Tod, vom Ertrinken und doch auch nur einen Atem weit weg vom Paradies – ein großartiger transzendenter Zustand äußerster Freiheit!"

Wie neugeboren

von Arjana

Sanft wiegen mich die Arme meines Partners. Seidenen Tüchern gleich berühren die warmen Wasser meine Haut, hüllen mich ein und geleiten mich langsam und behutsam in eine andere Welt. So gehalten, getragen und geführt, lasse ich allmählich los. Das Vertrauen wächst, ich gebe mich hin. Es ist eine Hingabe an das Fließen meines Körpers, an das weiche Wasser wie auch an die sichere und ruhige Führung meines Tänzers.

Ich befreie mich von meiner Kontrolle und finde mehr und mehr Ruhe im vertrauensvollen So-Sein. Die Last des Körpers schwindet dahin, ich werde leicht und unbeschwert wie eine Feder im Wind. Mein Kopf läßt los, und die Gedanken fließen frei, als ob sie Wolken am Himmel wären, die ungehindert ihres Weges ziehen. Mein Herz öffnet sich, damit Dunkles, Trauriges und Sorgenvolles vom Fließen und Strömen des Wassers reingewaschen wird. Das Wasser löst erstarrte Formen in mir auf und gibt sie dem Leben zurück.

Das Spiel senkt sich von der Wasseroberfläche in die Tiefe des Wassers. Weite Schleifen und schraubende Bewegungen; Drehen, Wenden; Biegen, Strecken; tiefes Hinabtauchen und Kugeln um die eigene Achse – all das läßt mich vergessen, was Zeit und Raum bedeuten. Keine Geräusche mehr, nur ab und zu Töne aus der Brust meines Tänzers – ein Summen, ein Vibrieren, manchmal ein Rauschen des mich umströmenden Wassers.

Ich werde weicher und beweglicher, spüre, wie Verspannungen sich lösen, wie mein Atem ganz von selbst tiefer und ruhiger wird. Manchmal vergesse ich sogar zu atmen, so sehr bin ich jetzt in einer anderen Welt – als tanzender Vogel im Wind, als spielender Delphin im Meer, als ruhendes Kind im Mutterleib...

Und dann in der abschließenden Stille des Gehaltenwerdens, komme ich wieder zu mir. Ich fühle mich ein wenig scheu, verletzlich und ein bißchen wie neugeboren. Alles ist anders als zuvor. Und noch lange danach, Tage, Wochen gar, ist dieses neue Gefühl der sanften Stärke in mir.

Das WATA-Handbuch

Die kurze Form

Basisbewegungen an der Wasseroberfläche

1. Wasser-Atem-Tanz

Der Wassertänzer steht breitbeinig und möglichst tief im Wasser, den Nacken des Klienten in der linken Ellbeuge, die rechte Hand unter dem Kreuzbein. Der rechte Arm des Klienten liegt hinter seinem Rücken. Das durch das Aus- und Einatmen bedingte Absinken und Aufsteigen des Körpers wird vom Wassertänzer sanft verstärkt und damit bewußt gemacht.

Schlange

2. Schlange über Wasser

Der Wassertänzer löst die Wirbelsäule durch abwechselndes Bewegen seiner Arme hin und weg vom Körper. Die Bewegung kommt aus dem ganzen Körper. Der rechte Unterarm und die rechte Hand unterstützen das Kreuzbein, der linke Unterarm den Nacken. Die Zwischenwirbelgelenke werden aus dieser Position heraus seitlich gebeugt.

3. Hüftdehnung auf der nahen Seite

Mit dem linken Oberarm und dem eigenen Oberkörper klemmt der Wassertänzer den nahen Arm seines Klienten ein. Dann geht er zu einer Schlängelbewegung über, indem er mit der rechten Hand die Hüfte des Klienten nach oben von sich weg und nach unten in Richtung seiner Füße drückt, um Brustkorb und Hüfte (ganze Flanke) zu dehnen. Damit Hüfte und Beine nicht absinken, geht er dabei im Kreis rückwärts.

Hüftdehnung

4. Streckung der entfernten Seite

Nun dehnt der Wassertänzer Brustkorb und Hüfte seines Klienten von verschiedenen Stellen aus. Dabei liegen entweder beide Hände unter dem Rücken oder die linke Hand über der Schulter.

Streckung

5. Verdrehung

Der Tänzer drückt mit der linken Hand die linke Schulter des Klienten nach unten, greift mit der rechten über den Bauch und zieht die entfernte Hüfte mit dem Ausatmen des Klienten zu sich hin. Dies erzeugt eine Rotation in der Wirbelsäule. Wichtig ist, daß die Wirbelsäule dabei unter Zugspannung steht. Die rechte Hand des Wassertänzers kann dann den Körper entlang wandern, so daß die Rotation an verschiedenen Punkten ansetzt. (Achtung: Bei langen und schweren Klienten nicht in eine Überdehnung der Lendenwirbelsäule gehen.)

Verdrehung

6. Wirbelsäulenschlange

Der Wassertänzer massiert die langen Rückenstrecker bis zur Mitte des Rückens und zurück, indem er die nahe Seite mit dem Handballen von sich drückt. Er zieht und schlängelt den Körper des Klienten durch das Wasser, um die Überstreckung der Lendenwirbelsäule zu verringern.

Wirbelsäulenschlange

Akkordeon

7. Akkordeon

Der Nacken des Klienten liegt in der linken Armbeuge des Wassertänzers. Bei einer Linksdrehung fängt er die Kniekehlen mit dem Unterarm auf und bringt die Knie mit dem Ausatmen näher an den Brustkorb. In der Flexion verweilt er ein wenig, um den Körper dann mit dem Einatmen und einer Drehung nach rechts wieder zu strecken.

8. Rotierendes Akkordeon

Beide Beine rotieren, indem die Knie beim Ausatmen nah an die äußere Schulter gedrückt werden. Dadurch schwenkt der Körper nach

Rotation des nahen Beines

außen. Beim Einatmen mit einer Rechtsdrehung schwenkt der Körper nach innen und öffnet sich wieder. Dabei ist wichtig, daß der Wassertänzer auf ein gutes Zusammenspiel zwischen Bewegung, Atmung und Fluß achtet und beim Drehen seinen ganzen Körper einsetzt.

9. Rotation des nahen Beines

Aus der Bewegung des Akkordeons läßt der Wassertänzer bei der Linksdrehung das Außenknie des Klienten los und rotiert den Körper über das Innenknie. Manchmal bringt er es mit dem Ausatmen diagonal zur äußeren Schulter. Dies hat eine Rotation der ganzen Wirbelsäule zur Folge. Beim Einatmen erfolgt die Öffnung und Streckung des Körpers.

10. Rotation des fernen Beines

Mit einer Drehung in Richtung Kopf des Klienten läßt der Wassertänzer das Innenknie los, greift das Außenknie und rotiert im Hüftgelenk und in der Wirbelsäule.

Rotation des fernen Beines

11. Meerjungfrau

Im Gegensatz zum rotierenden Akkordeon greift die Hand des Wassertänzers nun *über* beide Knie.

11a. Er dreht rechts herum und bringt den Klienten dabei abwechselnd in sitzende und in liegende Position. Die Drehung erfolgt langsam, um Übelkeit beim Klienten zu vermeiden.

11b. Der Tänzer hält die Unterschenkel des Klienten zwischen seinen eigenen und hebt dessen Kopf mit seinen Händen hoch. Dann wiegt er sich von links nach rechts und beschreibt mit dem Kopf des Klienten einen Kreis oder eine liegende Acht.

Kopfdrehung

12. Kopfdrehung

Dies ist eine Möglichkeit, die Seite zu wechseln und/oder die *Meerjungfrau* zu beenden. Der Wassertänzer hält den Kopf des Klienten in seinen Händen, die Daumen vor den Ohren und die Finger dahinter, und geht in Richtung Kopf. Dann drückt er mit dem linken Unterarm auf den Lungenpunkt, hebt dadurch unterstützt den Kopf des Klienten über die Höhe seines eigenen Gesichts und schwingt dessen Körper an seinem eigenen vorbei, um auf die andere Seite zu gelangen. Dabei bewegt er sich weiter auf einer Geraden und achtet darauf, daß das Gesicht des Klienten nach oben gerichtet bleibt.

13. Zweite Seite

Jetzt werden alle Bewegungen auf dieser Seite wiederholt, so daß der Tänzer ganz zum Schluß wieder auf der Seite des Klienten steht, auf der er begonnen hat.

14. Rotation des nahen Beines

Die Rotation des nahen Beines (Punkt 9) wird wiederholt, um den Klienten in eine gute Ausgangsposition für die Unterwasserarbeit zu bringen.

Basisbewegungen unter der Wasseroberfläche

Zwei wichtige Momente beim WasserTanzen sind das Untertauchen des Kopfes zu Beginn einer Bewegung und das Auftauchen am Ende. Während dieser Übergänge muß der Wassertänzer besonders aufmerksam und sensibel sein.

1. Schaukeln mit dem fernen Oberschenkel
(Die Beine dürfen sich nicht kreuzen.)

Über Wasser
Der Nacken des Klienten liegt in der linken Armbeuge des Wassertänzers. Mit der rechten Hand faßt er unter dem nahen Knie den fernen Oberschenkel. Die Linksdrehung erfolgt mit dem Ausatmen, die Rechtsdrehung mit dem Einatmen. Bei der Linksdrehung rollt der Kopf des Klienten vom Wassertänzer weg, bei der Rechtsdrehung rollt er in die Ausgangsposition zurück. Das Wasser darf die ferne Wange ein paarmal streicheln, bevor es unter Wasser geht.

Unter Wasser
Der Wassertänzer fährt mit der beschriebenen Bewegung fort und taucht das Gesicht des Klienten allmählich immer

Schaukeln

tiefer und länger unter Wasser. Bei der Rechtsdrehung zieht er am Bein des Klienten, um dessen Kopf an die Oberfläche zu heben. Bei einem „Floater“ verzögert er den Auftrieb, indem er den Oberkörper des Klienten nach unten drückt. Zwischen den Tauchgängen bleibt der Klient mindestens einen Atemzyklus lang über Wasser.

Rotation

2. Rotation mit dem nahen Knie

Während der Bewegung unter Wasser läßt der Wassertänzer den Oberschenkel des Klienten los und hält mit der Hand die nahe Kniekehle, um die Beugung zwischen Knie und Brust allmählich zu verstärken, während der Körper wegrollt. Die linke Hand an der Schulter wird eingesetzt, um den Kopf tiefer zu bringen als das Knie.

Freigabe des Arms

3. Freigabe des Arms

Während einer Linksdrehung bringt der Wassertänzer das Knie des Klienten unter Wasser zur Brust und weicht dabei mit seiner Hüfte dem Arm aus. Um den Arm hinter seinem Rücken zu befreien, läßt er den Kopf los und drückt die nahe Schulter mit der linken Hand nach unten und von sich weg. Ist der Arm befreit, unterstützt er mit seiner linken Hand die Schädelbasis des Klienten.

Freie Bewegung

4. Freie Bewegung

Der Wassertänzer unterstützt bei den folgenden Bewegungen die Schädelbasis und das nahe Knie des Klienten (und läßt es auf keinen Fall los!). Er nimmt sich etwas Zeit, um mit diesen Bewegungen zu experimentieren:

- Drehung nach links, um den Körper zusammenzufalten,
- Drehung nach rechts, um den Körper zu öffnen,
- den Klienten drehen und wenden oder
- in freier Improvisation bewegen.

Achtung:
Die Bewegungen sollten langsam und meditativ ausgeführt werden, da sich der Klient erst an die Dreidimensionalität gewöhnen muß.

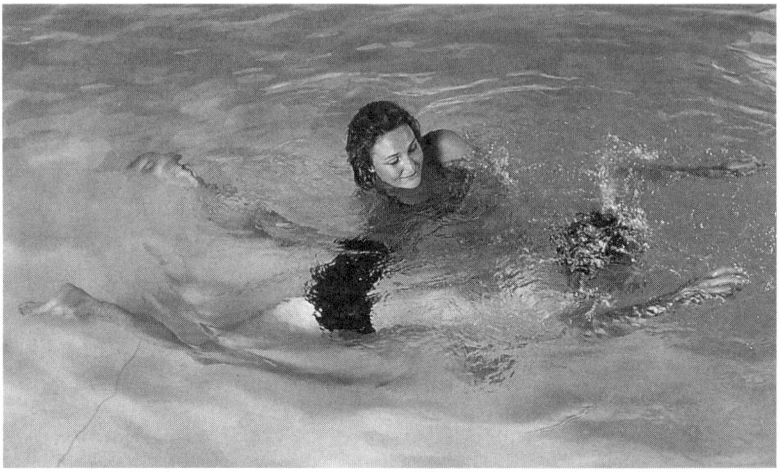

Qualle

5. Qualle

In der Ausgangsposition liegt der Körper des Klienten mit dem Gesicht nach unten im Wasser. Aus der freien Bewegung kommend, nimmt der Wassertänzer die Hand vom Knie auf den Bauch des Klienten und vom Nacken in die Mitte des Rückens.

Variante 1
Er bewegt den Körper des Klienten langsam von oben nach unten und führt die Bewegung allmählich in größerer Tiefe aus. Am Ende eines jeden „Pendelschwungs“ macht er eine Pause, um die Bewegung abzuschließen. Besonders behutsam ist er mit seiner Hand auf dem Bauch des Klienten. Die obere Hand gibt der Bewegung die präzise Führung. Arme und Beine des Klienten sollen sich frei bewegen können.

Variante 2
Durchbewegen des Körpers (mit der Rücken- und Bauch-Hand), mit Twist und Welle. Ausgangsposition wie oben.

Abschluß
Der Wassertänzer greift mit der rechten Hand unter dem nahen Bein des Klienten durch und faßt den entfernten Oberschenkel in der Nähe des Knies. Dann dreht er sich in einem Halbkreis nach rechts und zieht das entfernte Bein zu sich heran. Dies bringt den Klienten wieder in die Rückenlage.

6. Knieaikido

Variante 1
Die rechte Hand des Wassertänzers liegt unter dem nahen Knie, die linke am Hüftknochen des Klienten. (Wenn der Oberkörper des Klienten zuviel Auftrieb hat, hält er ihn seitlich am Brustkorb oder an den Schultern.) Dann bringt er den Kopf des Klienten tiefer als die Knie, wobei er mit beiden Händen gleichzeitig arbeitet. Er führt die Linksdrehung fort und schießt den Körper des Klienten hinaus. Mit einer Rechtsdrehung läßt er ihn an die Oberfläche kommen (Gesicht nach oben), indem er das Knie nach rechts zieht.

Variante 2
Mit der Ellenbeuge hält der Wassertänzer das nahe Knie des Klienten und faßt mit der rechten Hand den Oberschenkel. Er führt die Bewegung fort wie in der ersten Variante beschrieben.

Knieaikido

7. Beinaikido

Beinaikido ähnelt dem Knie-Aikido mit dem Unterschied, daß das Bein gestreckt ist. In der Ausgangsposition liegt die linke Hand am Kreuzbein, die rechte greift nach dem Fußgelenk.

Gesicht abgewandt
Die linke Hand des Wassertänzers liegt auf der nahen Hüfte des Klienten, die rechte faßt das nahe Fußgelenk. Er drückt das Becken nach unten und hebt gleichzeitig das Bein hoch aus dem Wasser, indem er es als Hebel benutzt, um den Körper nach links zu drehen und dabei das Hüftgelenk zu beugen. Dabei bringt er den Kopf des Klienten tiefer als das Knie. Durch eine Rechtsdrehung läßt er den Körper mit dem Gesicht nach oben an die Oberfläche kommen. Dabei zieht er den Fuß nach rechts und drückt die Hüfte mit ausgestrecktem Arm von sich weg.

Gesicht nach unten
Die Bewegung ist bis auf das Hochkommen identisch. Jetzt befindet sich der Klient vor dem Auftauchen in der Bauchlage, und der Wassertänzer erzeugt mit der linken Hand auf dem Gesäßmuskel und mit der rechten am Fußgelenk des entfernten Beins eine Streckung des Rückens und des entfernten Beins. Dann läßt er den Klienten langsam und bedächtig hochkommen und sanft an der Wasseroberfläche auftauchen.

Beinaikido

Streckung des Körpers
Der Wassertänzer ergreift das nahe und/oder entfernte Fußgelenk und die Schädelbais, um den ganzen Körper zu strecken. Das Gesicht des Klienten ist dabei über Wasser.

Knie über den Schultern

8. Knie über den Schultern

Die Bewegung geht aus dem Beinaikido hervor. Der Wassertänzer legt das angehobene Bein des Klienten über seine linke Schulter und bewegt ihn mit der linken Hand am Rumpf und mit der rechten am anderen Bein. Er sollte auch Variationen versuchen. Wenn er möchte, kann er das andere Bein des Klienten auf seine andere Schulter gleiten lassen. Achtug: Diese Position könnte als zu intim (sexuell) empfunden werden. In diesem Fall empfiehlt sich die Variante mit beiden Knien über einer Schulter.

Wiegen
Der Wassertänzer wiegt den Klienten (über Wasser) seitwärts in einer großzügigen Bewegung, so daß Kopf und Nacken frei schwingen und eine Überstreckung vermieden wird. Er wiederholt dieselbe Bewegung unter Wasser in verschiedenen Tiefen, von knapp unter der Oberfläche bis tief. Dies ist ein guter Test für die Bereitschaft des Klienten, kopfüber im Wasser zu hängen.

Glocke
Der Wassertänzer legt beide Hände auf das Hara des Klienten, drückt den Körper mit sanftem aber stetigem Druck unter Wasser und läßt ihn zwischen seinen gegrätschten Beinen hindurch schwingen. (Bei sehr großen Klienten oder niedrigem Wasserstand muß sich der Wassertänzer möglicherweise auf die Fußballen stellen, damit der Kopf des Klienten nicht auf dem Boden aufkommt.) Der Rücken des Klienten wird sich am Ende der Schwingbewegung nach hinten wölben. Nach einer kurzen Pause leitet der Was-

sertänzer mit einem Impuls aus der Hüfte den Gegenschwung ein, der den Körper wieder nach vorn und in eine Beugung bringt. Dann folgt wieder eine kurze Pause. Die Glocke wird wiederholt, solange der Luftvorrat reicht. Um die Bewegung zu beenden, greift der Wassertänzer hinter sich und hebt den rechten Fuß des Klienten über seinen Kopf. Mit der linken Hand faßt er zwischen die Beine, greift in die rechte Kniekehle und dreht sich in einem Halbkreis nach links. Dann zieht er das entfernte Bein zu sich heran und dreht den Klienten in die Rückenlage.

9. Zweite Seite

Beinaikido, Knieaikido und Qualle werden auf der anderen Seite wiederholt.

10. Schlange

In der Ausgangsposition hält die rechte Hand des Wassertänzers von unten beide Fußgelenke des Klienten, die linke unterstützt das Kreuzbein. Dann bewegt er sich zu den Füßen des Klienten und umfaßt die Flußgelenke mit den Daumen von oben und den Fingern von unten.

Schlange

Auf der Seite
Der Wassertänzer gibt dem Klienten das vereinbarte Signal, bevor er ihn auf die Seite dreht. Er verändert seinen Griff an den Fußgelenken, so daß die eine Hand von vorn über den Spann und die andere von hinten über die Achillessehnen greift und die Daumenspitzen sich berühren. Wenn ein Arm des Klienten „zurückbleibt“, taucht er den Körper unter und gibt ihm einen extra Wellenimpuls, der den Arm über den Kopf zum anderen Arm bringt. Um eine starke Schlangenbewegung zu erzeugen, geht der Wassertänzer rückwärts und dreht sich dabei schwungvoll von einer Seite zur anderen.

Gesicht nach unten
Der Wassertänzer beginnt die Bewegung wie oben und dreht den Klienten dann mit dem Gesicht nach unten. Seine Daumen liegen auf den Achillessehnen, die Finger an der Vorderseite der Fußgelenke. Durch kräftiges Auf- und Abbewegen seines Körpers und seiner Arme erzeugt er eine starke Schlangenbewegung von oben nach unten. Dabei geht er rückwärts und nutzt wieder die gesamte Länge des Beckens.
Um die Bewegung abzuschließen, zieht er die Beine des Klienten am Ende des letzten Aufwärtsimpulses schnell zu sich heran, drückt seine Hände in die Kniekehlen, geht ein paar Schritte vorwärts und läßt den Rücken des Klienten sanft an seine Brust sinken. Aus dieser Position heraus werden freie Bewegungsmöglichkeiten erkundet. Schließlich rollt der Wassertänzer den Klienten in die fötale Haltung auf die Seite, nimmt seine Fußgelenke und streckt ihn, so daß das Gesicht nach oben zeigt.
Um die Schlange zu beenden, dreht er den Klienten an den Fußgelenken mit dem Gesicht nach oben und läßt ihn durch einen kräftigen Zug an sich entlang gleiten.

11. Walzer (von der Seite)

In der Ausgangsposition steht der Wassertänzer auf der rechten Seite des Klienten mit Blick zum Kopf. Der linke Daumen liegt auf dem Zirkulationspunkt in der Mitte seiner rechten Handfläche, der rechte Daumen entsprechend auf der anderen Seite. Der Wassertänzer geht in Richtung Kopf des Klienten und zieht den Körper mit den Armen

Walzer

über dem Kopf durchs Wasser. Dann zieht er den entfernten Arm über den Körper des Klienten, geht im Halbkreis um den Kopf auf die andere Seite und dreht den Klienten in Bauchlage. Er zieht weiter am nahen Arm, so daß der Körper des Klienten kurz in seine Richtung weist, während er ihn mit dem Gesicht nach oben dreht. Der andere Arm des Klienten liegt nun über seinem Körper, und damit ist die Ausgangsposition auf der anderen Seite erreicht. Die Bewegung erfolgt in einer Achterschleife und wird spiegelverkehrt wiederholt.

Purzelbaum

12. Purzelbäume

Die Drehung erfolgt um eine waagrechte Achse durch die Hüftgelenke.

Einfach
In der Ausgangsposition hält die linke Hand des Wassertänzers die Schädelbasis und die rechte das nahe Knie (eventuell beide Knie) des Klienten.

- Er kippt den Klienten mit dem Gesicht nach unten von sich weg (im „Päckchen“) und hält kurz inne, um ein stabiles Gleichgewicht zu finden.
- Er macht einen Schritt zum Kopf des Klienten, schiebt diesen zwischen die Beine und führt ihn nach unten.
- Er fährt in der Bewegung fort, indem er sich nach links dreht und den Kopf des Klienten nach oben führt.
- Dann öffnet er den Körper, indem er sich nach links dreht und das rechte Knie des Klienten an die Oberfläche bringt.

Doppelt
Dieselben Schritte wie beim einfachen Purzelbaum werden wiederholt, und die Bewegungen gehen mit Bedacht in weitere Purzelbäume über, wobei der Kopf unter Wasser bleibt.

13. Embryo

Die Bewegung beginnt in einer freien Position mit der linken Hand des Wassertänzers am Nacken und der rechten an den Kniekehlen des Klienten. In der Embryoposition wird der Klient ganz sachte gewiegt, als ob er im Mutterleib wäre, oder absolut bewegungslos gehalten. Dabei muß das Gesäß unter Wasser bleiben. Diese Bewegung wird mindestens zwei- bis dreimal wiederholt. Sie kann sehr heftige Emotionen auslösen.

Zurück-zum-Bauch-Embryo
Der Wassertänzer rollt den Klienten in die fötale Position und dann von sich weg, so daß das Gesicht nach unten

Embryo

kommt. Er dreht ihn kopfüber, bis sein Kopf direkt unterhalb der Hüfte ist und der Rücken am Bauch des Wassertänzers liegt. Dann greift er über beide Schienbeine und hält den Klienten in der Embryoposition.

Freier Embryo
Derselbe Vorgang führt in die Position kopfüber. Die Schienbeine des Klienten werden jetzt nur mit der rechten Hand gehalten, die linke unterstützt den oberen Rücken. Körperkontakt ist hier möglichst minimiert. Dann wird der Klient wieder in eine ausgestreckte Haltung zur Oberfläche gebracht.

14. Ausklang

Der Wassertänzer läßt den Klienten ruhig schweben und nimmt ihm sachte die Nasenklemme ab. Er respektiert seinen Prozeß und gibt ihm Zeit, seine Erfahrungen zu integrieren. Er hält ihn und wiegt ihn noch ein paar Minuten lang sanft im Wasser, bevor er an der Wand oder an der Treppe abschließt.

Die erweiterte Form

Die kurze Form dient als Basis und ist in sich abgeschlossen. Die erweiterte Form enthält Bewegungsvorschläge, die je nach Klient kreativ eingesetzt werden können.

1. Knieschlange
(Erweiterung des Knieaikido)

In der Ausgangsposition unterstützt der rechte Unterarm des Wassertänzers beide Kniekehlen des Klienten.

Gesicht zugewandt
Während der Drehung nach rechts drückt der Wassertänzer mit der linken Hand das Hara des Klienten nach unten und von sich weg (so daß der Körper ihm gegenüber liegt). Mit dem rechten Unterarm zieht er die Beine des Klienten zu sich heran. Dann erzeugt er eine schlängelnde Bewegung, während er mit der linken Hand das Hara nach hinten drückt. Er entwickelt die Schlangenbewegung aus einem Schwingen seines Kör-

Gesicht zugewandt

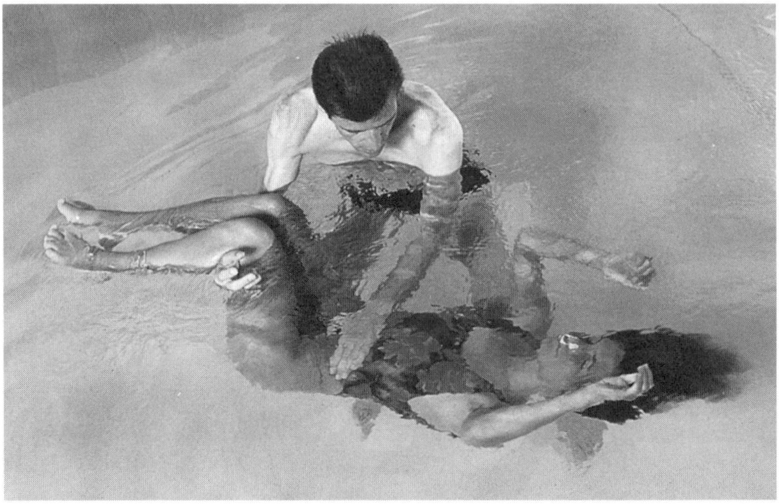

Gesicht nach oben

pers nach rechts und links, während er sich rückwärts im Kreis dreht. (Der Hauptimpuls für diese Bewegung kommt aus dem Rechtsschwung des Wassertänzers.)

Gesicht abgewandt

Gesicht nach oben
In der zweiten Phase erzeugt der Wassertänzer eine Schlangenbewegung in der Horizontalen und in unterschiedlichen Tiefen. Sein rechter Unterarm in den Kniekehlen des Klienten sorgt dabei für die Aufwärtsbewegung, während die linke Hand auf dem Hara den Körper nach unten bewegt.

Gesicht abgewandt
Während er den Klienten nach links dreht, drückt die linke Hand das Hara nach unten zum Wassertänzer hin (so daß sich das Gesicht des Klienten abwendet). Mit dieser Bewegung bringt er die Knie des Klienten zur Brust und beugt sich über den zusammengerollten Körper.

Um wieder in die entgegengesetzte Schlangenbewegung (nach rechts) zu kommen, setzt er den rechten Fuß einen Schritt zurück und zieht dabei die Knie des Klienten nach rechts. Die linke Hand bleibt dabei am Hara.

2. Knie über einer Schulter
(Erweiterung von „Knie über den Schultern")

Um in die Ausgangsposition zu kommen, sinkt der Wassertänzer tiefer ins Wasser und legt sich beide Beine des Klienten über die rechte Schulter. Er umfaßt beide Oberschenkel mit dem rechten Arm, drückt den Körper mit der linken Hand auf dem Hara nach unten und beschreibt eine ganze Drehung nach rechts, wobei das Gesicht des Klienten ent-

Knie über einer Schulter

gegen der Drehrichtung zeigt. Als Variationen zum Abschluß und für das Auftauchen bieten sich an: Drehung mit dem

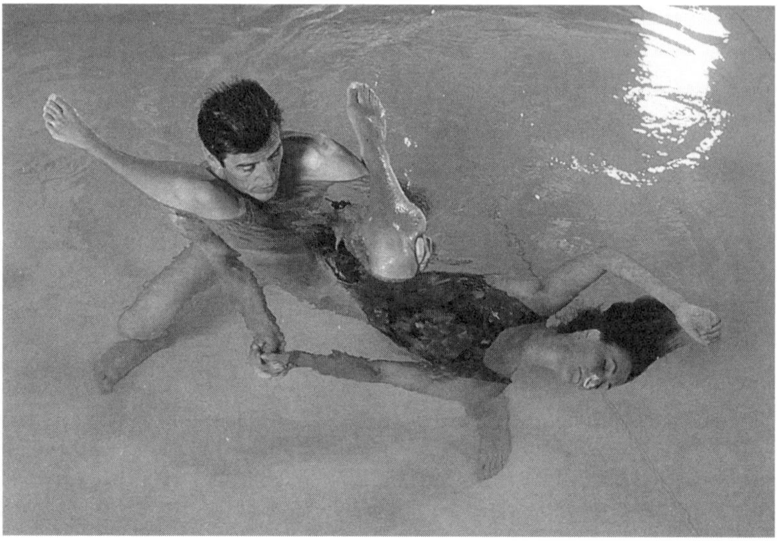

Knie-Hand-Tanz

Gesicht des Klienten in Drehrichtung, Schlängeln mit dem Gesicht nach oben und Wellenbewegung.

Der Wassertänzer greift mit der linken Hand unter dem Klienten hindurch an seine entfernte Hüfte und rollt ihn von sich weg, so daß das Gesicht nach unten zeigt.

Variation: Knie-Hand-Tanz
Der Wassertänzer nimmt das Innenknie des Klienten mit der linken Hand und ergreift mit der rechten die linke Hand des Klienten. Mit Hilfe dieses Dreipunkt-Hebels mobilisiert er Hüftgelenk, Schultergelenk und Wirbelsäule in einem freien Tanz.

3. Rad vorwärts und rückwärts
(Erweiterung der Fußschlange)

In der Ausgangsposition liegt die linke Hand des Wassertänzers am Kreuzbein des Klienten, die rechte hält beide Fußgelenke von unten.

3a. Beide Arme arbeiten zusammen. Während der Wassertänzer durch Druck seiner linken Hand auf das Hara den Körper absenkt, zieht er mit der rechten Hand beide Beine an den Fußgelenken senkrecht nach oben. Er unterstützt die Unterschenkel mit der linken Hand, während er nach links geht und die Beine ins Wasser gleiten.

3b. Bevor er mit der Gegenbewegung beginnt, kann er den Klienten mit der rechten Hand am unteren Rücken und mit der linken an den Fußgelenken ein wenig schlängeln (Bauchsurfen).

Wenn die Beine des Klienten gestreckt bleiben, drückt er den unteren Rücken mit der rechten Hand nach unten und hebt gleichzeitig mit der linken beide Beine in die Senkrechte. Dann führt er die rechte Hand zur linken an die Fußgelenke und geht nach rechts, um den Klienten in diese Richtung zu ziehen, während er die Beine ins Wasser gleiten läßt.
Wenn die Beine nicht gestreckt bleiben, sucht er einen anderen Weg, um den Klienten wieder in die Rückenlage zu bringen, zum Beispiel über eine der Schlangenbewegungen.

Rad vorwärts

Bauchsurfen

Hampelmann

Variation: Gehängter
Am höchsten Punkt des Rades greift die Hand unter dem Kreuzbein ebenfalls hinauf zu den Fußgelenken, und der Körper wird in der Senkrechten gehalten. Aus der Stille heraus kann der Körper in immer schneller werdende Schwingungen gebracht werden. Diese Bewegung geht ins Bauchsurfen über: Mit der rechten Hand hält der Wassertänzer das Kreuzbein des Klienten, mit der linken den Fußknöchel, um den gestreckten Körper von rechts nach links zu schwingen. Um die Bewegung abzuschließen, nimmt er die Hand vom Kreuzbein und beugt mit ihr die Knie des Klienten, so daß der Körper zu einem Päckchen gefaltet wird und einen halben Purzelbaum rückwärts macht. Die linke Hand fängt den Nacken auf.

Variation: Hampelmann
Aus der Position des Gehängten heraus ergreift der Wassertänzer je ein Fußgelenk, verlagert sein Gewicht von einem Bein auf das andere und läßt den Hampelmann tanzen.

4. Tief unten

(Erweiterung der Fuß-schlange)

In der Ausgangsposition steht der Wassertänzer zu Füßen des Klienten und hält mit jeder Hand ein Fußgelenk von unten. Er hebt zuerst die Beine hoch und drückt dann den Körper nach unten, wobei er ihn in der Hüfte zu einem „L" beugt. Dabei geht er stetig nach vorn, damit das Becken vor dem Kopf aufkommt. Er gibt dem Klienten das Gefühl völliger Ruhe, während er seine Achillessehnen und Kniebeuger dehnt. Dazu lehnt er sich mit seinem Bauch oder seiner Brust auf die Fußsohlen des Klienten und verankert so Becken, Brust und Kopf am Boden.

Um den Körper wieder an die Wasseroberfläche zu bringen, zieht er entweder kräftig an beiden Fußgelenken und läßt den Klienten an sich vorbeigleiten, bis er ihn an Nacken und Kreuzbein auffangen kann, oder er geht etwas zur Seite und zieht die Füße des Klienten über seinen Kopf, so daß er mit dem Gesicht nach unten hochkommt (wie beim Rad). Beim Erreichen der Oberfläche wird der Körper einfach umgedreht, oder die Bewegung geht in die Schlange über.

Tief unten

Armaikido

5. Armaikido
(Erweiterung des Walzers)

Tiefere Ebene

Der Wassertänzer steht auf der rechten Seite des Klienten und faßt mit seiner rechten Hand dessen rechte Hand, so daß der Daumenballen des Klienten in seiner Handfläche liegt. Jetzt bewegt er sich im Halbkreis am Kopf des Klienten vorbei und führt die Hand über den Körper hinweg ins Wasser, so daß der Klient nach links in Bauchlage gedreht wird.

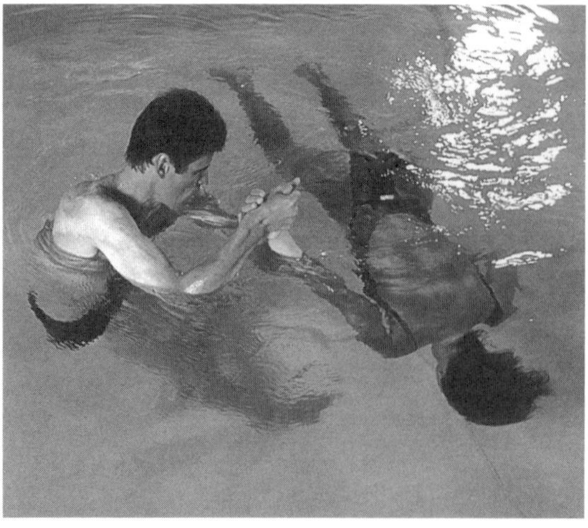

Mit der linken Hand drückt der Wassertänzer das rechte Schulterblatt des Klienten nach unten und bringt ihn damit vor sich und auf eine tiefere Ebene. Dann löst er die Hand vom Schulterblatt und zieht von der Innenseite her am Oberarm. Dabei bewegt er sich in einem Halbkreis zurück, so daß er die Hand des Klienten vor sich hat, zieht ihn an die Oberfläche und wechselt die Seite. Das Armaikido erfolgt in einer Achterbewegung rückwärts. Während der Klient mit dem Gesicht nach unten liegt, besteht die Möglichkeit zu einer Variation: Der Wassertänzer schlängelt den Körper des Klienten auf und ab sowie nach links und rechts, indem er mit seiner Hand die Wirbelsäule entlang wandert. Dabei arbeiten beide Arme zusammen.

Abschluß

6. Schulterschlange mit dem Gesicht nach unten
(Erweiterung von Walzer und Armaikido)

In der Ausgangsposition steht der Wassertänzer über dem Kopf des Klienten. Er dreht ihn mit dem Gesicht nach unten und faßt mit den Daumen oben und den Fingern unten seine Schulterblätter und seinen Brustkorb. (Wenn der Klient leicht ist, kann er auch die Oberarme greifen.) Während er rückwärts geht, schwingt er den Körper in einer Wellenbewegung auf und ab.

7. Walzer von oben

Zu Beginn steht der Wassertänzer oberhalb des Kopfes des Klienten. Er führt seine Hände unter die des Klienten und faßt die Daumen wie beim Armaikido. Seine rechte Hand greift die rechte Hand des Klienten, seine linke die linke des Klienten. Dann zieht er mit der rechten Hand nach oben und mit der linken nach unten, während er sich nach links bewegt, so daß sich der Klient mit dem Gesicht nach unten dreht.

Gesicht nach oben

8. Schlange

(Erweiterung der Fußschlange)

In der Ausgangsposition hält die rechte Hand des Wassertänzers von unten beide Fußgelenke des Klienten, während die linke das Kreuzbein unterstützt. Der Wassertänzer bewegt sich dann zu den Füßen des Klienten und umfaßt die Fußgelenke mit den Daumen oben und den Fingern unten.

Gesicht nach oben

Die Bewegung beginnt in der Rückenlage. Der Wassertänzer umfaßt die Fußgelenke mit den Daumen oben und den Fingern unten. Dann erzeugt er eine starke Schlangenbewegung von oben nach unten, indem er den eigenen Körper und die Arme kräftig auf und ab bewegt.

Abschluß

Der Wassertänzer beendet die letzte Bewegung nach unten mit ein paar Schritten vorwärts und drückt die Fußgelenke des Klienten nach unten. Er beugt die Knie des Klienten, indem er die Fersen in Richtung Gesäß bringt. Die Brust des Klienten kommt an seiner zur Ruhe, und der ganze Körper wölbt sich in einem Bogen nach hinten. Schließlich taucht der Wassertänzer mit einer Schulter unter Wasser und rollt den Klienten in Rückenlage von sich weg (Freisetzen).

Abschluß

Doppelte Schlange
Die Bewegung beginnt mit einer Schlange in rechter Seitenlage. Der Wassertänzer dreht sich beim Schlängeln nach rechts im Uhrzeigersinn, um die Beine des Klienten hinter sich zu bekommen. Seine linke Hand umfaßt die Fußgelenke, die rechte faßt Kopf oder Haare oder greift unter die Schulter, um den Körper in eine Beugung nach vorn zu bringen.

Doppelte Schlange (1. Phase)

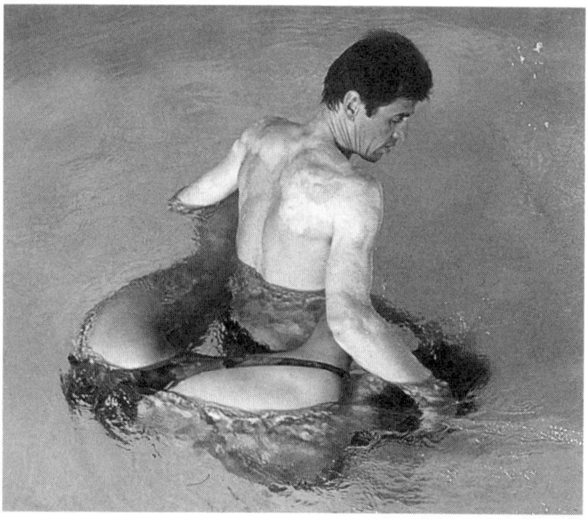

Doppelte Schlange (2.Phase)

In der zweiten Hälfte der Bewegung läßt der Wassertänzer die rechte Hand am Kopf los und greift nach den Fußgelenken hinter sich. Er geht um die Füße herum, indem er sich gegen den Uhrzeigersinn dreht, und gibt die Fußgelenke von der linken in die rechte Hand.

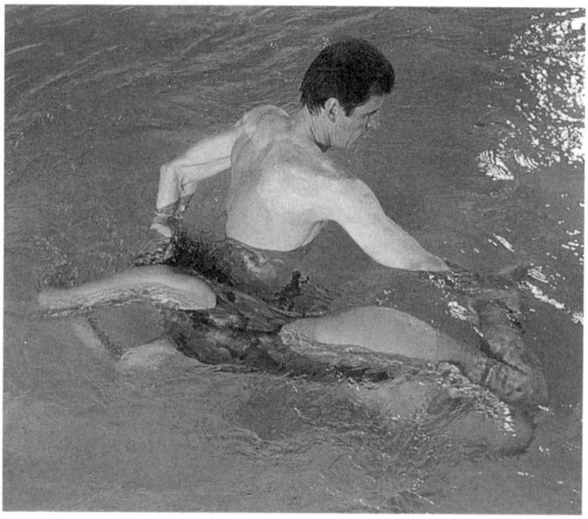

Doppelte Schlange (3.Phase)

Dann dreht er sich weiter und hält schließlich den Kopf mit der linken Hand. Der Körper des Klienten wölbt sich jetzt in einem Bogen nach hinten und vom Wassertänzer weg (Banane). Zum Schluß läßt der Wassertänzer den Kopf los und geht zu freien Bewegungen über.

9. Karussell

(Erweiterung von Armaikido)

In der Ausgangsposition greift die rechte Hand des Wassertänzers zunächst das nahe Fußgelenk, die linke das nahe Handgelenk. Der Wassertänzer setzt sich den Fuß des Klienten auf die Mitte der Brust (wenn nötig, streckt er das Bein, indem er mit der rechten Hand das Knie des Klienten stabil hält). Dann führt er seine rechte Hand zur linken und faßt den nahen Daumen, während die linke Hand das Handgelenk umschlossen hält. Er lehnt sich zurück und dreht mit gestreckten Armen nach links. Dabei zieht er den nahen Arm nach unten, so daß Kopf und Körper des Klienten untertauchen.

Ausgangsposition

Dann löst sich die rechte Hand und umfaßt erneut das Fußgelenk. Der Wassertänzer bleibt in der Linksdrehung und hebt das nahe Bein des Klienten aus dem Wasser zur äußeren Schulter (wie beim Beinaikido). Er zieht den nahen Arm und den Körper des Klienten unter Wasser, während er sich weiter nach links dreht. Zum Schluß läßt er die Hand los, ergreift beide Fußgelenke und beginnt zu schlängeln.

Hand umfaßt Fußgelenk

10. Purzelbaum rückwärts

Die Drehung erfolgt um eine waagerechte Achse durch die Hüftgelenke. In der Ausgangsposition hält der Wassertänzer mit der linken Hand die Schädelbasis des Klienten und mit der rechten eine oder beide Kniekehlen.

- Er schwingt den Klienten mit dem Gesicht nach unten von sich weg und hält kurz inne, um ein stabiles Gleichgewicht zu finden.
- Er macht einen Schritt in Richtung Hüfte, zieht die Beine nach oben und gleichzeitig den Kopf rückwärts unter Wasser.
- Dann öffnet er den Körper, indem er das rechte Knie an die Oberfläche bringt.

11. Delphinrolle

In der Ausgangsposition steht der Wassertänzer seitlich neben dem Klienten. Er greift unter dem Becken durch, und indem die Hände abwechselnd zufassen, beginnt er, den Körper um die Längsachse zu rotieren. Dies läßt sich nur mit Klienten durchführen, die die Bewegung durch Längung unterstützen und sich auf die relativ schnelle Drehbewegung einlassen. Danach folgt integrierende Stille.

Delphinrolle

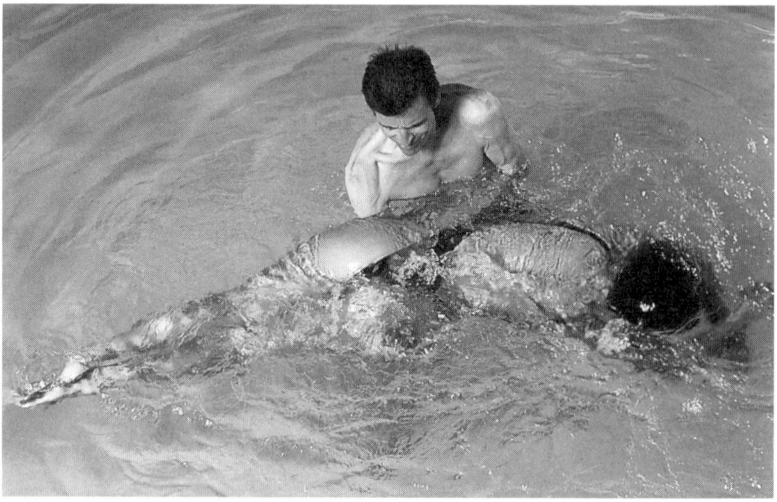

Kopfschlange

12. Kopfschlange
(Erweiterung von Armaikido, Walzer oder Fußschlange)

In der Ausgangsposition befindet sich der Klient in Bauchlage. Der Wassertänzer hält seine Hände seitlich am Kopf, die Daumen rechts und links neben den Dornfortsätzen der Halswirbel. Rückwärts gehend zieht der Wassertänzer den Körper des Klienten in einer Auf- und Abbewegung durch das Wasser. Mit jeder Ondulation werden die Daumen versetzt (Mobilisierung der Halswirbelsäule). Zum Auftauchen macht der Wassertänzer eine halbe Drehung, hält den Kopf des Klienten dabei immer noch in beiden Händen und führt das Schulterblatt mit seinem Unterarm.

13. Unterwassermassage

Die Unterwassermassage eignet sich gut zur Integration am Ende einer WATA-Sitzung. Der Wassertänzer massiert Hände, Füße, Kopf und Körpermitte des Klienten. Die Massage findet unter Wasser statt und wird auch in den Phasen des Luftholens weitergeführt. Der Klient befindet sich dabei in der ersten Halteposition und wird leicht hin- und hergewiegt.

Massage (Phase 1)

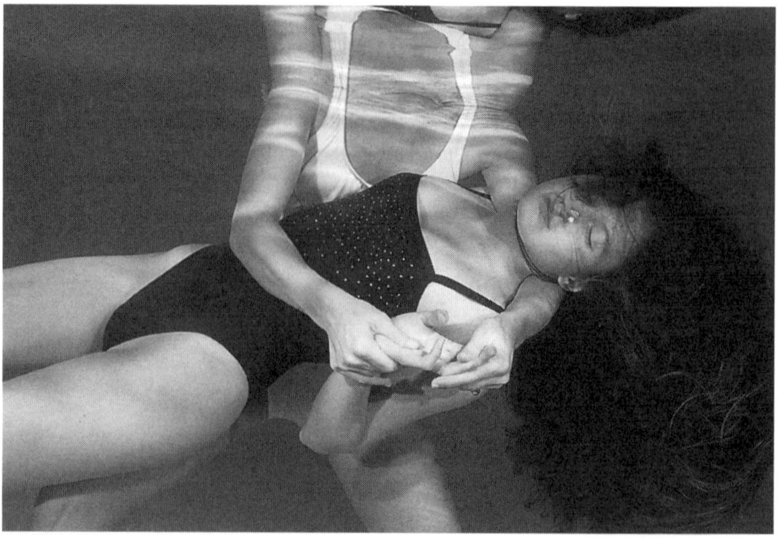

Massage (Phase 2)

Massage (Phase 3)

Gesundheitstips für Wassertänzer

Der längere Aufenthalt im körperwarmen Wasser und chemisch aufbereiteten Chlorwasser kann für den Organismus mit bestimmten Belastungen verbunden sein. Unsere Erfahrung legt folgende Maßnahmen zur Vorbeugung von gesundheitlichen Problemen nahe:

1. Wer viel im Wasser arbeitet, sollte etwas tun, um der Dehydrierung entgegenzuwirken. Dazu empfiehlt es sich, dem natürlich auftretenden Durst unbedingt nachzugeben und viel Wasser oder Kräutertee zu trinken. Viel Trinken allein genügt jedoch nicht. Die Temperatur des Badewassers bewirkt eine Erweiterung der Blutgefäße. Durch den erhöhten Druck des Wassers auf die Körperzellen wird über die Osmose Zellwasser ins erweiterte Gefäßsystem geführt, was den Wasseranteil im Blutkreislauf erhöht. So ergibt sich eine Erhöhung des Blutvolumens, die Tätigkeit der Nieren nimmt zu, und damit erhöht sich die Ausscheidung. Dabei gehen Mineralsalze, Elektrolyte, Glukose, Kalium, Harnstoff und andere Stoffe verloren. Wer nur seinen Durst stillt, vermag nun mangels Mineralstoffen die aufgenommene Flüssigkeit nicht ins Blut zu resorbieren. Als Folge können Symptome wie Austrocknen, Müdigkeit, Kopfschmerzen, Muskelkrämpfe, Konzentrationsschwäche, Erschöpfung und anderes auftreten. Diesem Mangel kann durch Einnahme von basischen Mineral-Nährsalztabletten vorgebeugt werden.

Nach langem Aufenthalt im warmen Wasser empfiehlt sich auch eine kalte Dusche, um die erweiterten Gefäße wieder zu verengen.

2. Auch dem Hautschutz sollte wegen der Belastung durch chlor-, ozon-, schwefel- und solehaltiges Wasser Beachtung geschenkt werden.

3. Bezüglich der Chlordesinfektion und ihren Folgen ist von Prof. Dr. Wolfram Thiemann, Institut für physikalische Chemie in Bremen, ein interessanter Artikel erschienen, aus welchem wir einen Auszug zitieren möchten: „Weshalb lauern gerade im Wasser gesundheitliche Gefahren, soll doch das Schwimmen und Baden selbst so gesund sein? Nun, die Antwort ist zwiefältig: Die erste

Gefahr findet sich in einer möglichen Ansteckung mit einer von anderen Badbenutzern eingebrachten Infektionskrankheit. Die zweite Gefährdung versteckt sich in gesundheitsgefährlichen Inhaltsstoffen des Badewasser.

Während die Gefahr Nr. 1 wohl jedem Benutzer mehr oder weniger geläufig ist (Stichwort „Hygiene"), ist die Gefahr Nr. 2 nicht so ohne weiteres jedem bekannt. Um die ersterwähnte Gefahr zu vermindern, wird seit Beginn dieses Jahrhunderts in erster Linie zum bewährten Mittel Chlor gegriffen. Die desinfizierende Wirkung von Chlor ist in der Tat phänomenal. Wo besteht dann aber das Problem beim Betrieb eines Bades, wenn alles so schön klappt bei der Entfernung der unerwünschten Biologie und Chemie? Es besteht einfach gesagt darin, daß keine noch so aufwendige Behandlung ohne seinen Preis zu haben ist. Alle Desinfektions-Methoden wie Chlor, Ozon und Wasserstoffperoxid sind letztlich schädliche Stoffe..." Abschließend mein Prof. Thiemann: „Ich denke, wir könnten es uns leisten, auch in Hallenbädern mit weniger rigorosen Desinfektionsverfahren wie Chlorung zu arbeiten. In Kombination mit einem großen Frischwasserumsatz und besserer Kontrolle der individuellen Hygiene ließe sich meines Erachtens mit großem Erfolg die Ultraviolett-Bestrahlung einführen, die wesentlich weniger schädliche Stoffe produziert."

4. Ein weiterer Ansatz, um unsere Heilarbeit zukünftig in gesundem Wasser durchführen zu können, ist das Plocher-Energiesystem. Wir zitieren hier aus einem Presseartikel: „Das Plocher-Energiesystem wurde nach der ZDF-Dokumentation „Wenn der Wassermann kommt..." als ein revolutionierendes Verfahren zur Sanierung geschädigter Gewässer bekannt. Mit der „Findung" dieses Systems hat die Zukunft der natürlichen Wasser-Regenerierung und -Vitalisierung begonnen. Bei seinem Einsatz wird weder umweltbelastende Chemie benötigt, noch Strom verbraucht. Das System arbeit auf der rein energetischen Schwingungsebene von Organismen und regt dort die Lebensprozesse gezielt katalytisch an, was zu einer allgemeinen Harmonisierung führt. Die neueste Entwicklung des innovativen Umweltunternehmers Plocher ist der Wasserkatalysator, welcher direkt auf die Wasserleitung aufgeschraubt wird. Durch die wiederholten Aufbereitungsverfahren in Kläranlagen wie Filtration und Chlorierung ist die Qualität unseres Wassers rapide abgesunken. Für den menschli-

chen Organismus spürbar ist vor allem die abnehmende Vitalkraft des Wassers. Durch den Katalysator wird die energiespendende Qualität des Wasser in ihrer natürlichen Form aktiviert, es kehrt Leben in das Wasser zurück. Somit gilt das Plocher-Energiesystem als richtungsweisend in der Gewässersanierung und Wasservitalisierung. Anhand zahlreicher Beispiele aus mittlerweile 19 Ländern weltweit können wir Auswege für die globale Wassersituation aufzeigen."

Literatur

Albrecht, Karin: *Fit wie ein Turnschuh. Durch Ernährung und Walking zu Gelassenheit und Lebensenergie,* Hugendubel, München 1995

Boadella, David: *Befreite Lebensenergie. Einführung in die Biosynthese,* Kösel, München 1991

Bonheim, Jalaja: *The Serpent and the Wave,* Celestial Art, 1992

Capra, Fritjof: *Das Tao der Physik,* Scherz, München, Neuauflage 1984

Coxhead, Nona: *Glückseligkeit. Die Erfahrung des Kosmischen Bewußtseins,* Aquamarin, Grafing 1987

Csikszentmihalyi, Mihaly: *Das Flow-Erlebnis. Jenseits von Angst und Langeweile: Im Tun aufgehen,* Klett-Cotta, Stuttgart, 5. Aufl. 1993

Dull, Harold: *Befreiung des Körpers im Wasser,* Transform, Oldenburg, o.J.

Dull, Harold: *WATSU – Freeing the Body in Water,* Harbin, Hot Springs, 1993

Feldenkrais, Moshe: *Die Feldenkrais-Methode in Aktion. Eine ganzheitliche Bewegungslehre,* Junfermann, Paderborn 1990

Feldenkrais, Moshe: *Die Entdeckung des Selbstverständlichen,* Suhrkamp, Frankfurt/Main 1987

Feldenkrais, Moshe: *Bewußtheit der Bewegung. Der aufrechte Gang,* Insel, Frankfurt/Main 1995

Feldmann, Harald: *Psychiatrie und Psychotherapie. Ein kurzgefaßtes Lehrbuch für Studierende und Ärzte,* S. Karger AG, Basel, 9. Aufl. 1984

Ferguson, John: *Encyclopedia of Mysticism,* Thames & Hudson, 1976

Freud, Anna: *Wege und Irrwege in der Kinderentwicklung,* Verlag Hans Huber, Bern, 4. Aufl. 1988

Frischknecht, Cathy: *Atemstop und Tauchreflex,* Diplomarbeit zur AKA, 1995

Georgeakopoulos, Alexander: *Waterdance*, Manuskript, Harbin Hot Springs, 1996
Gore, Makarand: *Anatomie und Physiologie der Yoga-Praktiken*, Osnabrücker Yoga-Gruppe, Osnabrück 1988
Grof, Stanislav: *Realms of the Human Consciousness,* 1975
Grof, Stanislav: *Das Abenteuer der Selbstentdeckung. Heilung durch veränderte Bewußtseinszustände,* Rowohlt, Reinbek 1994
Heckler, Richard S.: *Von der Weisheit des Körpers lernen*, Ansata, Interlaken 1987
Henderson, Julie: *Die Erweckung des inneren Geliebten. Ein praktisches Arbeitsbuch der Energielenkung allein und zu zweit,* Ansata, Interlaken, 2. Auflage 1990
Hoffman, Kaye: *Tanz, Trance, Transformation*, Anarche Verlagsgemeinschaft, Inning 1991
Hutchison, Michael: *Megabrain. Geist und Maschine,* Hugendubel, München, 3. Auflage 1994
Joshi, K.S.: *Yoga Pranayama. Die Atemregulierung der Yogis,* Osnabrücker Yoga-Gruppe, Osnabrück 1990
Kaplan-Williams, Strephon: *WaterDancing – In The Zone – An Amazing Training of Healing & Love,* Amsterdam 1994
Keleman, Stanley: *Verkörperte Gefühle. Der anatomische Ursprung unserer Erfahrungen und Einstellungen,* Kösel, München 1992
Kernberg, O.F.: *Borderline-Störungen und pathologischer Narzißmus,* Suhrkamp, Frankfurt/Main 1983
Kurtz, Ron: *Körperzentrierte Psychotherapie. Die Hakomi-Methode,* Synthesis, Essen 1991
Leonhard, George: *Der Rhytmus des Kosmos,* 1983
van Lysebeth, André: *Die große Kraft des Atmens. Richtig atmen lernen durch Yoga,* O.W. Barth, München 1995
Merloo, Joost: *The Dance,* 1960
Montagu, Ashley: *Körperkontakt. Die Bedeutung der Haut für die Entwicklung des Menschen,* Klett-Cotta, Stuttgart, 8. Aufl. 1995
Mayol, Jacques: *Homo Delphinus*, Editions J. Glénat, 1986
Odent, Michael/Johnson, Jessica: *Wir alle sind Kinder des Wassers,* Kösel, München 1995
Painter, Jack: *Körperarbeit und persönliche Entwicklung. Wie wir durch Tiefenentspannung zu Harmonie von Leib, Seele und Geist gelangen,* Kösel, München 1984

Reich, Wilhelm: *Die Funktion des Orgasmus*, Kiepenheuer & Witsch, Köln 1987
Rosenberg, Jack Lee: *Körper, Selbst & Seele,* Transform, Oldenburg, 2. Aufl. 1993
Rywerant, Yochanan: *Die Feldenkrais-Methode. Die neue Bewegungstherapie,* Goldmann, München, Neuaufl. 1991
Scharfetter, Christian: *Der spirituelle Weg und seine Gefahren*, F. Enke, Stuttgart, 3. Aufl. 1994
Schwenk, Theodor: *Das sensible Chaos. Strömendes Formenschaffen in Wasser und Luft,* Verlag Freies Geistesleben, Stuttgart, 9. Aufl. 1995
Selby, John: *Natürlich Atmen. Ganzheitliche Gesundheit durch Atemintegration,* Hugendubel, München 1988
Sloterdijk, Peter: *Weltfremdheit,* Suhrkamp, Frankfurt/Main 1992
Stokes Gordon/Whiteside, Daniel: *One Brain. Workshop-Buch,* Verlag für Angewandte Kinesiologie, Freiburg, 4. Aufl. 1995
The Essential Rumi, translated by Coleman Barks, Harper San Francisco, 1995
Thich Nhat Hanh: *Innerer Friede – Äußerer Friede,* Theseus, Zürich, 2. Aufl. 1993
Thomère, Marylène: *Les liaisons dangereuses avec la mer,* Hommes et Perspectives, 1995
Walter, Johannes: *Die heilende Kraft des Atmens,* Peter Erd, München 1987
Welch, Martha: *Die haltende Umarmung,* Ernst Reinhardt, München 1991
Ziegler, Gerd: *Vision der Freude. Die transformative Kraft der Liebe*, Goldmann, München, Neuaufl. 1994

Die Autoren

Aman Peter Schröter, 23.7.1949, Dipl.Psych. FSP (Klinischer Zweig, Heidelberg), Arbeit in der Free Clinic Heidelberg, AAO-Kommune 1977/78, ausgebildet in diversen Massagetechniken und in Humanistischer Psychologie (Gesprächspsychotherapie nach Rogers, Gestalt, Hypnotherpie, NLP, Reichsche Körperarbeit, Postural Integration (J.Painter), SkyDancing Tantra (Margo Anand Naslednikov), Körperorientierte Psychotherapie (George Downing). Langjährige Schulung in Aikido bei Kiroku Fukome, Auseinandersetzung mit den vier Elementen, WATSU bei Harold Dull. Eigene Praxis in körperorientierter Psychotherapie von 1970 bis 1978 in Zürich, Gruppenleiter und Ausbilder in Anatomie, Postural Integration, SkyDancing Tantra, Männerbande und WasserTanzen; Leiter des SkyDancing Institutes Zürich und SkyDancing Trainer in der Schweiz und Deutschland.

Arjana Claudia Brunschwiler, 24.12.1961, Wirtschaftsgymnasium, Direktionssekretärin an der Sozialpsychiatrischen Universitätsklinik Bern, achtjähriges klassisches Ballettstudium, Eiskunstlauf, Yoga und Bewegungsbewußtsein, diverse Tanzkurse und Tanzausbildungen (Afro, Bauchtanz, Modern), Continuum nach Susan Harper. Weiterbildung am danja-Seminar (Bewegung, Entspannung, Atmung). SkyDancing Tantra-Jahrestraining. Astrologiestudium, Experiential Astrology bei Kabir Jaffe (USA) und Astrodrama bei Fridel Roggenbruck (D). Jahrelange persönliche Weiterentwicklung in Verfahren der Humanistischen Psychologie. Aus- und Weiterbildungen in Anatomie, Spiraldynamik, klassischer Ganzkörpermassage, Tantra, Shiatsu, Rebalancing und Reiki. Ausbildung in Harbin Hot Springs (USA) zur ersten WATSU-Lehrerin der Schweiz. Abschluß und Diplom an der *Energy Mastery School* bei Dr. med. Robert T. Jaffe (USA). Leiterin und Trainerin des Institutes für Aquatische Körperarbeit Schweiz.

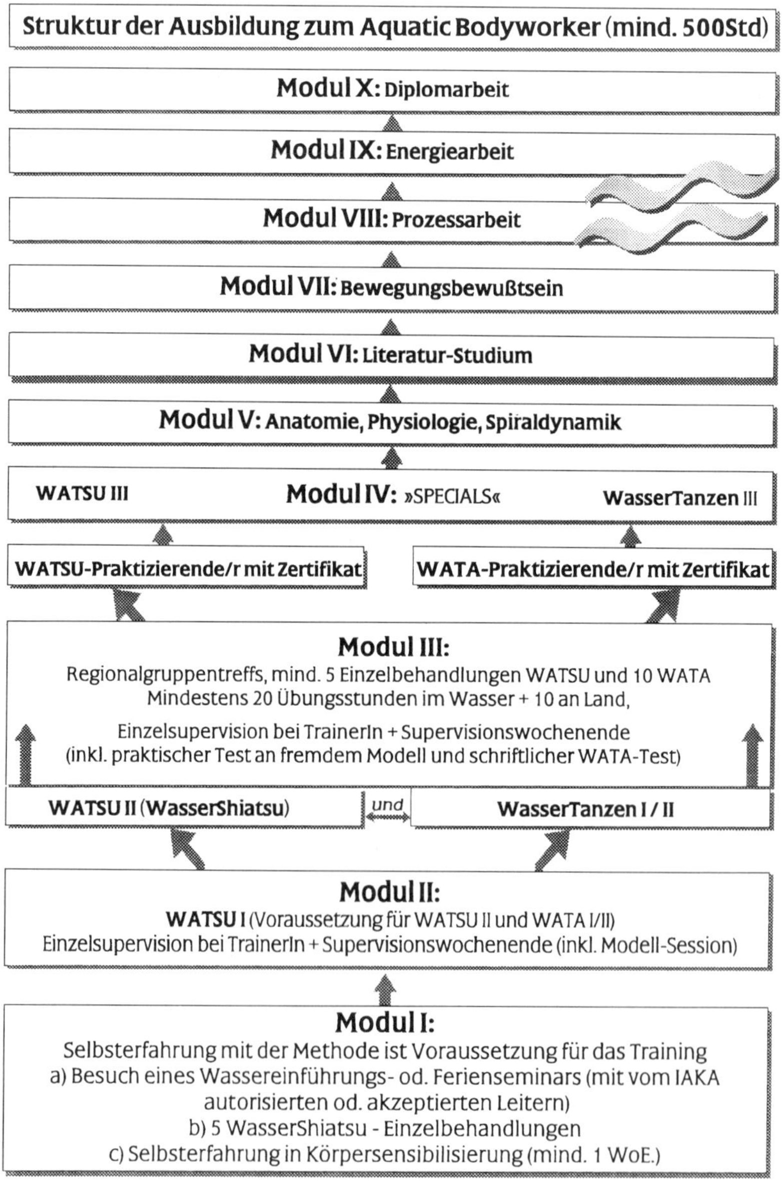
Struktur der Ausbildung zum Aquatic Bodyworker (mind. 500Std)
Modul X: Diplomarbeit
Modul IX: Energiearbeit
Modul VIII: Prozessarbeit
Modul VII: Bewegungsbewußtsein
Modul VI: Literatur-Studium
Modul V: Anatomie, Physiologie, Spiraldynamik
WATSU III
Modul IV: »SPECIALS«
WasserTanzen III
WATSU-Praktizierende/r mit Zertifikat
WATA-Praktizierende/r mit Zertifikat
Modul III:
Regionalgruppentreffs, mind. 5 Einzelbehandlungen WATSU und 10 WATA
Mindestens 20 Übungsstunden im Wasser + 10 an Land,
Einzelsupervision bei TrainerIn + Supervisionswochenende
(inkl. praktischer Test an fremdem Modell und schriftlicher WATA-Test)
WATSU II (WasserShiatsu)
und
WasserTanzen I / II
Modul II:
WATSU I (Voraussetzung für WATSU II und WATA I/II)
Einzelsupervision bei TrainerIn + Supervisionswochenende (inkl. Modell-Session)
Modul I:
Selbsterfahrung mit der Methode ist Voraussetzung für das Training
a) Besuch eines Wassereinführungs- od. Ferienseminars (mit vom IAKA autorisierten od. akzeptierten Leitern)
b) 5 WasserShiatsu - Einzelbehandlungen
c) Selbsterfahrung in Körpersensibilisierung (mind. 1 WoE.)

Ausbildungsprogramme

Ausbildung in Aquatischer Körperarbeit

Das in Europa und in den USA angebotene Training in Aquatischer Körperarbeit ist eine intensive, in sich abgeschlossene Grundausbildung, bei der sich WATSU und WATA, die beiden Pionierformen der Wassertherapie, vereinen. Das Training eignet sich als Fortbildung für Menschen in helfenden Berufen (pädagogisch, psychologisch, medizinisch), richtet sich aber auch an Laien mit einem spezifischen Interesse an Körperarbeit im Wasser. Vermittelt wird eine fundierte Ausbildung, die es dem Studenten ermöglicht, später professionell als Aquatic Bodyworker zu arbeiten.

Das professionelle Anwenden dieser Arbeit erfordert neben dem Erlernen der Methoden auch ein Sich-Einlassen auf den mit der Ausbildung verbundenen intensiven Selbsterfahrungs- und Wachstumsprozeß.

Das Training beinhaltet eine vollständige Ausbildung in Wasser-Shiatsu I und II und WasserTanzen I und II, die jeweils zu den Zertifikaten WATSU-/WATA-Praktizierender führen. Ein WATSU- und WATA-Praktizierender ist berechtigt, die urheberrechtlich geschützten Begriffe WasserShiatsu und WasserTanzen zu benutzen und das offizielle Logo für Werbezwecke zu verwenden. Nach Anerkennung der weiteren Module V bis X (Anatomie/Physiologie, Prozeßarbeit, Bewegungsbewußtsein, Energiearbeit, Literaturstudium, Supervisionsgruppen und Diplomarbeit) erhält der Anwärter das Diplom in Aquatischer Körperarbeit.

Das Training besteht aus zehn Modulen, die insgesamt mindestens 500 Stunden umfassen. Es kann wahlweise aus Wochen- bzw. Wochenendkursen zusammengestellt werden.

Das WasserTanzen-Training

Nach einem Einführungswochenende in Aquatischer Körperarbeit und einem WATSU I-Training (drei Wochenenden oder eine Woche) steht den Teilnehmern das WATA-Training offen. Dieses Training wird entweder in zweimal sieben oder viermal dreieinhalb Tagen durchgeführt. Nach einigen Monaten wird ein Supervisions- und Prüfungswochenende abgehalten.

WATA I. Als erstes führen wir die Gruppe energetisch zusammen. In kleinen Spielen und Tänzen lernen die Teilnehmer sich gegenseitig kennen, Vertrauen, das im WasserTanzen so wichtig ist, wird allmählich aufgebaut. Am Anfang des Trainings führen wir die *Gelenkmobilisation* ein. Dies ist eine von uns entwickelte Körperarbeit an Land, welche die Gelenke für die Bewegungen im Wasser vorbereitet, deren Funktionsweise erklärt und Empfangende in einen tiefen Entspannungszustand versetzt. Wir lehren Theorie und Praxis der *Atemarbeit* unter spezieller Berücksichtigung der Hyperventilation und des Atemstops (Apnoe); weiter werden Spielvarianten aus dem Pranayama-Yoga angewendet. Die Arbeit über und unter Wasser löst psychische Prozesse aus. Deswegen lernen die Teilnehmer bereits zu Beginn, aufkommende Emotionen in Gesprächsrunden und *Meditationen* zu integrieren.

Die Körperarbeit an Land wird vertieft durch eine Einführung in die *Reichsche Segmentarbeit* und deren Anwendungsmöglichkeiten im Wasser und dem Erlernen von Grundelementen therapeutischer Gesprächsführung nach C. Rogers und anderen.

Rund zwei Drittel der Kurszeit sind der eigentlichen Arbeit im Wasser gewidmet. Im *Wasser* werden die verschiedenen Eintaucharten und die WATA-Kurzform einstudiert.

WATA II. Erlernen einer therapeutischen Begleittechnik (*Awareness Release Technique* nach Dr. med R. Jaffe) zur Aufarbeitung und Integration von psychischem Kernmaterial. Theoretischer und praktischer Umgang mit dem *biodynamischen Strömungsreflex.* Einführung in die Theorie und Praxis von *Übertragung* und *Gegenübertragung.* Kontraindikationen. Wiederum sind rund zwei Drittel der Kurszeit der eigentlichen Arbeit im Wasser gewidmet. Im *Wasser* lernen wir die WATA-Gesamtform.

Supervisions- und Prüfungswochenende. Nach rund einem halben Jahr, nach praktischen und theoretischen Studien folgt die Prüfung an einem fremden Modell im Wasser und an Land sowie ein schriftlicher Test. Die Supervisionsgruppe dient der Rückmeldung durch die Trainer und der Selbsteinschätzung der Studentin/des Studenten.

Was ist WasserShiatsu?

WATSU ist eine Körpertherapie in 35° warmem Wasser, die seit 1980 von Harold Dull aus dem Zen-Shiatsu entwickelt wurde. Harold Dull leitet im kalifornischen Harbin Hot Springs eine Schule für Shiatsu und Massage.

WATSU entspannt und befreit den Bewegungsapparat mehr als tradionelle Hydrotherapien oder Massagen. Es löst Blockaden in Körper, Seele und Geist. Durch sanftes Dehnen, Drehen, Strecken, Schütteln und durch Massage werden die Muskeln gelockert und gestärkt, wird die Beweglichkeit verbessert und der Bewegungsradius der Gelenke erweitert. Die Wirbelsäule, im Wasser vom Körpergewicht entlastet, kann in einer Weise bewegt werden, wie es an Land unmöglich ist. Durch rhythmische, harmonische, fließende Bewegungen werden alte Halte- und Bewegungsmuster aufgelöst, die Atmung vertieft sich, und der Atemrhythmus wird reguliert. Mit Hilfe von Shiatsu-Massage an den Meridianen (Stretching und Akupressur) kommt die Lebensenergie (Chi) wieder ins Fließen.

Das Körpergefühl verändert sich, ein gesteigertes Körperbewußtsein ist die Folge. Die Bewegungen des aktiven Partners sind dem Tai Chi ähnlich: Tänzerisch wird der passive Partner bewegt, wobei Spiralen, Bögen, Halbmond, Pendel, Wellen und Kreisbewegungen initiiert werden.

In einfühlsamer Weise wird auf den Klienten eingegangen, da durch starke körperliche Nähe alte Kindheitstraumen oder andere tiefe Verletzungen erinnert werden können. Durch diese körperliche und seelische Nähe ist es möglich, den Raum des inneren Kindes zu betreten, die tiefe Wunde des Getrenntseins zu heilen, um über den Weg der wiederbelebten Mutter-Kind-Einheit die Einheit mit allem Sein zu erfahren.

WATSU ist eine Körpertherapie, welche die Seele nährt und Urvertrauen wachsen läßt. Dies wird ermöglicht, indem der Praktizierende einen geschützten Raum anbietet, in dem alle freigesetzten Gefühle auch ausgedrückt werden dürfen. WATSU hilft, die Angst vor dem Wasser abzubauen sowie mit anderen Ängsten zu arbeiten. Ein wesentliches Prinzips des Zen-Shiatsu gilt auch hier: mit dem anderen sein, nicht etwas tun.

Unterschiede zwischen WATSU und WATA

Sowohl im WasserShiatsu als auch beim WasserTanzen wird im körperwarmen Wasser mit Nähe, Intimität, Haut-zu-Haut-Kontakt gearbeitet. WATA geht einen Schritt weiter und führt den Klienten unter Wasser, wo er zusätzlich zur interpersonellen Dynamik einer Mutter-Kleinkind-Beziehung das Element der Freiheit in Bewegung erlebt, was von der Gefühlsqualität her der Eltern-Kind-Beziehung in der Ablösungsphase entspricht. Während WATSU ein eher statisches, ruhiges Arbeiten ist, wirkt WATA dynamisch und erweitert den gewohnten Bewegungsspielraum in die Dreidimensionalität. Beim WATSU werden Nacken und Kopf des Klienten gehalten, beim WATA werden diese immer wieder losgelassen. So kommt es zu freieren Bewegungen. Beim WATSU ist der Kopf meist auf Herzhöhe, beim WATA ist diese Stellung variabler und damit erwachsener, denn der Wechsel von Halten und Loslassen entspricht der Ablösungsphase des Kindes. Durch das Unter-Wasser-Gehen kommt es beim WATA zu einer Veränderung des Atemmusters und damit zu erweiterten Bewußtseinszuständen.

Informationen über Einführungskurse und Ausbildungen in Aquatischer Körperarbeit (WATA und WATSU) erhalten Sie vom

Institut für Aquatische Körperarbeit
Schweiz
Oberhausenstraße 1
CH-8712 Stäfa
Tel. 0041-(0)1 926 70 60

und vom

Institut für Aquatische Körperarbeit
Deutschland
Lörracherstraße 35
D-79115 Freiburg
Tel. 0049-(0)761 45 23 015

Folgende Videos stehen zur Verfügung und können über die Institute bezogen werden:

WasserTanzen – Arjana und Aman (1991), ein ästhetisches Einführungsvideo

WasserTanzen – Arjana und Aman (1997), ein Lehrvideo

Aquatische Körperarbeit – Thomash Irniger und Arjana (1996), ein Demo-Video

Entspannung für Körper, Seele und Geist – Helen U. Schulz (1996), ein Info-Video

Tom Williams

Was das Qi zum Fließen bringt

Grundlagen und Methoden der Traditionellen Chinesischen Medizin
224 Seiten mit 32 S/w-Abb., kart.
ISBN 3-591-08382-8

Therapieverfahren aus der chinesischen Medizin erfreuen sich im Westen ständig zunehmender Beliebtheit - und doch bleibt die Frage vieler Patienten: Warum funktioniert das alles? Diese umfassende Einführung in das Welt- und Menschenbild der chinesischen Medizin beantwortet diese Frage in einer Sprache, die nirgendwo voraussetzt, daß der Leser medizinisch vorgebildet ist oder sich bereits mit chinesischer Philosophie beschäftigt hat.

Aus dem Inhalt: Die Grundprinzipien der chinesischen Medizin / Der Aufbau des menschlichen Körpers / Das Meridiansystem / Das Zang Fu System oder die Organe des Körpers / Ungleichgewichte und ihre Ursachen / Diagnose- und Behandlungsmöglichkeiten / Adressen

AURUM VERLAG • BRAUNSCHWEIG

G a n z h e i t l i c h   g e s u n d

Ann Holdway

Kinesiologie

Der goldene Schlüssel zur Weisheit des Körpers
176 Seiten mit 23 S/w-Abb., kart.
ISBN 3-591-08381-X

Kinesiologie ist ein ganzheitlicher Ansatz zur Balancierung aller Bewegungen und Interaktionen im menschlichen Energiesystem, der oft auf scheinbar magische Weise zu einer unmittelbaren Steigerung des Wohlbefindens führt.
Dieses Buch erklärt, wie sich die Kinesiologie entwickelt hat, wie sie wirkt, was von einer kinesiologischen Behandlung zu erwarten ist, und wie Sie sich mit dieser Methode selbst helfen können. Außerdem erfahren Sie etwas über die neuesten Schulen und Richtungen der Kinesiologie und darüber, wohin Sie sich wenden können, wenn Sie sich behandeln lassen wollen oder selbst eine Ausbildung machen möchten.

AURUM VERLAG • BRAUNSCHWEIG